Doopsgezinden in Friesland
1530-1850

25 mei 2017
Voor Martje Postma
Van Steven Luitjens.

DOOPS-GEZINDEN
in Friesland
(1530-1850)

Cor Trompetter

BORNMEER 2016

Deze uitgave is mede mogelijk gemaakt door

Het Fonds Oosterbaan te Amsterdam
Doopsgezinde Historische Kring te Amsterdam
Tresoar te Leeuwarden

NUR 704
ISBN 978 90 5615 394 6

© 2016 Cor Trompetter / Bornmeer
Alle rechten voorbehouden. Niets uit deze uitgave mag worden vermenigvuldigd of openbaar gemaakt in enige vorm of op enige wijze, hetzij elektronisch, mechanisch, door fotokopieën, opnamen of op enige andere manier, zonder voorafgaande schriftelijke toestemming van de uitgever.

www.bornmeer.nl

INHOUD

Voorwoord 7

HOOFDSTUK 1
Radicale hervormers 9

HOOFDSTUK 2
1535-1580 De weg naar acceptatie 34

HOOFDSTUK 3
Doopsgezinden in soorten en maten 57

HOOFDSTUK 4
Van Twaalfjarig Bestand naar Friese
Doopsgezinde Sociëteit 81

HOOFDSTUK 5
De eerste helft van de achttiende eeuw:
veranderende tijden? 109

HOOFDSTUK 6
De tweede helft van de achttiende eeuw:
schuivende panelen 131

HOOFDSTUK 7
Naar volwaardig burgerschap 148

Bibliografie 172

Voorwoord

Deze inleiding tot de geschiedenis van de doopsgezinden in Friesland omvat de periode vanaf het begin van de doopsgezinde geschiedenis tot aan het eerste kwart van de negentiende eeuw.

Deze keuze kan worden verklaard omdat in deze inleiding het emancipatieproces van de Friese doopsgezinden centraal staat. Deze ontwikkeling was aan het begin van de negentiende eeuw voltooid. Maar er is nog een andere reden om alleen de eerste drie eeuwen te behandelen: er is voor deze periode gebruik gemaakt van bestaand onderzoek. Voor de negentiende en twintigste eeuw is dit onderzoek in beperkter mate voorhanden.

Veel van het materiaal van dit boek gaat over de steden. Dit komt door het simpele feit dat de archieven van de stedelijke gemeenten van betere kwaliteit zijn dan die van de plattelandsgemeenten en dat er (daarom) veel meer onderzoek gedaan is naar de stedelijke gemeenten. Hier ligt voor toekomstige onderzoeker een uitdaging; er valt nog veel te winnen waar het gaat om kennis van de plaats van de doopsgezinden in de Friese samenleving.

Omdat het hier om een inleiding gaat is geen gebruik gemaakt van een notenapparaat. Voor wie zich verder wil verdiepen bevat de selecte biografie een eerste aanzet. Verder mogen de *Doopsgezinde Bijdragen* niet onvermeld blijven. Deze jaarboeken bevatten een schat aan informatie over de geschiedenis van de doopsgezinden. Met grote regelmaat verschijnen hierin ook artikelen die over Friesland gaan.

Mijn dank gaat uit naar Steven Sterk die ondanks alle vertragingen die zich hebben voorgedaan is blijven geloven in het uiteindelijk verschijnen van deze inleiding en Trynsje van der Steege, die het manuscript met een arendsoog heeft geredigeerd. Tenslotte wil ik mijn collega's en ex-collega's in het college van B&W van de gemeente Weststellingwerf bedanken voor het feit dat ze het als normaal beschouwen een praktiserend historicus in hun midden te hebben, met alle zinnige en onzinnige verhalen die daarmee gepaard gaan.

Wolvega, 2016

HOOFDSTUK 1

Radicale hervormers

Inleiding

De doopsgezinde beweging zoals die tegenwoordig bestaat heeft een lange en roerige geschiedenis achter de rug. Vanaf het begin van de zestiende eeuw groeide de onvrede over de praktijken van de heersende katholieke kerk, en met de 95 stellingen die Maarten Luther in 1517 aan de kerkdeur van Wittenberg spijkerde werd de Hervorming, of Reformatie, van die kerk in gang gezet. In de jaren die volgden ontstonden er verschillende hervormingsbewegingen met uiteenlopende ideeën, waar de doopsgezinde beweging er een van was. De katholieke kerk liet dit uiteraard niet zomaar gebeuren en reageerde met vervolging en strenge straffen voor andersdenkenden.

Menno Simons (1496-1561), die aan de wieg stond van de tegenwoordige doopsgezinde beweging in Nederland, nam pas in 1536 voorgoed afscheid van de katholieke kerk. Hij was op dat moment pastoor in het Friese Witmarsum, een van de vele dorpen in de grietenij Wonseradeel in het westen van Friesland. Voor Menno was het een 'late roeping' in meerdere betekenissen. In 1536 was hij al veertig jaar oud – voor die tijd een behoorlijke leeftijd. Bovendien was de Reformatie op het moment van Menno's uittreden al bijna twee decennia gaande. Juist daarom zal het geen gemakkelijke keus zijn geweest de kerk te verlaten. Menno was op de hoogte van de vervolging en strenge straffen voor andere afvalligen. Velen van hen moesten

Portret van Menno Simons.

hun gewetenskeuze met hun leven bekopen. Kerkelijke functionarissen en burgerlijke machthebbers maakten ook voor 1536 al hevig jacht op de protestantse 'ketters' en veroordeelden hen ter dood – door verdrinking, ophanging, onthoofding of verbranding. Ook Menno Simons kwam al snel bij de vervolgers in het vizier en vluchtte daarom weg uit Friesland. De laatste 25 jaar van zijn leven bracht hij voor het grootste deel door in ballingschap, eerst in Groningen, later in Noord-Duitsland. Hoewel hij zijn hervormingsjaren voor het grootste deel in Duitsland doorbracht, werd hij na zijn dood gezien als belangrijkste Nederlandse hervormer.

De betekenis van Menno Simons voor latere generaties was tijdens zijn leven nog niet te voorzien. Hij is nooit de onbetwiste leider van de doperse beweging geweest. Voortdurend was er strijd binnen die beweging. Het ging hierbij vooral over de vraag hoe streng men moest zijn voor mensen die zich om een of andere reden niet konden houden aan de strenge regels die binnen de beweging golden. De conflicten die hieruit voortkwamen werden zelden in der minne opgelost. Verharding van standpunten en daarop volgende scheuringen waren het resultaat. Aan het einde van Menno's leven waren de conflicten zo hevig geworden, dat de doopsgezinde beweging in de Nederlanden feitelijk in verschillende groepen uiteen was gevallen.

Wanneer we op deze periode terugkijken is het bijna een wonder dat de doopsgezinde beweging en Menno Simons zo'n belangrijk deel zijn geworden van ons geestelijk erfgoed. In de zeventiende en achttiende eeuw vormden de doopsgezinden slechts een minderheid in de Nederlandse maatschappij, en maakten ze geen deel uit van de politiek-bestuurlijke elite. Toch speelden ze een buitengewone rol op economisch en cultureel gebied. Ook in Friesland vormden ze een minderheid, terwijl er geen enkel ander gewest was met zo veel doopsgezinden: tot een kwart van de bevolking aan het begin van de zeventiende eeuw. In dit eerste hoofdstuk gaan we eerst op zoek naar de wortels van de Reformatie en het doperse gedachtegoed, om in de volgende hoofdstukken het spoor van Menno Simons en de ontwikkeling van de doopsgezinde beweging te volgen.

Voortekenen van de Reformatie

Aan het begin van de zestiende eeuw was de onvrede binnen de katholieke kerk groot, ook bij sommige functionarissen van de kerk, maar vooral bij de gewone gelovigen. De belangrijkste oorzaken waren ongelijkheid en corruptie. Met de mogelijkheid zonden af te kopen door middel van aflaten konden de zonden van de rijken kwijtgescholden worden, terwijl de armen wel boete moesten doen. Bovendien werd de kerk hierdoor financieel beter van de 'zonden' van haar gelovigen. Verder waren er priesters die amper opgeleid waren en kloosterlingen die het niet zo nauw namen met de regels van hun orde. Onder leken was de kennis van de Bijbel in de Renaissance sterk toegenomen en deze kennis stond op gespannen voet met de praktijk van het geloof. Over de aflaat bijvoorbeeld, was in de Schrift niets terug te vinden, om nog maar niet te spreken over de praktijk van heiligenverering.

De onrust in Europa rond 1500 beperkte zich echter niet tot kerk en geloof. De grote en kleine vorsten in West-Europa voerden voortdurend oorlog met elkaar. Het Bourgondische Rijk dreigde na de dood van Karel de Stoute in 1477 uiteen te vallen. Aan de grenzen stond een keur aan vijanden, van de Franse koningen tot de hertogen van Gelre. In het zieltogende Duitse Rijk, waar het centrale gezag vrijwel volledig ontbrak, vochten kleine en grote potentaten om de macht. Deze instabiele politieke situatie versterkte de onrust en wakkerde onder gelovigen het idee aan dat het einde der tijden nabij was, zoals de apostel Johannes had beschreven in het Bijbelboek Openbaringen.

Voor de katholieke kerk was deze crisis echter niets nieuws. Ook in eerdere jaren was er regelmatig sprake van een noodzaak tot 'hervorming'; vaak vanwege priesters die hun werk niet deden, kloosterlingen die de gelofte van armoede aan hun laars lapten en gecorrumpeerde priester-vorsten zoals de bisschoppen van Utrecht. In de Nederlanden vonden hervormingen steeds binnen de organisatie van de kerk zelf plaats. De bekendste van deze hervormingsbewegingen in de Nederlanden was de Moderne Devotie, die in het laatste kwart van de veertiende eeuw opkwam.

Moderne Devotie

De Moderne Devotie ontstond in Overijssel, met de Deventer burgerzoon Geert Groote (1340-1384) en Thomas à Kempis (ong. 1380-1471) als belangrijke vertegenwoordigers. Het was een beweging met als doel 'terug naar de basis'. Allereerst voerde de Moderne Devotie een verandering door in het kloosterwezen. De kloosters werden opener en ook toegankelijk voor leken, zonder dat zij een kloostergelofte hoefden af te leggen. Daarnaast was er sprake van een verdieping van het geloofsleven, door bijbelstudie, maar ook door een op Christus geïnspireerde levenshouding. De betrokkenheid van leken bij deze verdieping van het geloofsleven betekende dat het effect niet tot de kloosters beperkt bleef, maar een belangrijke impuls kon vormen voor het geestelijk leven in de Nederlanden.

De Moderne Devotie kreeg veel steun van gewone gelovigen, maar kon geen goedkeuring vinden in de ogen van de hogere geestelijkheid. Ondanks het aanvankelijke succes van de beweging bereikte ze geen blijvende hervorming van de kerk. De zaken waar de hervormers zich tegen verzetten, zoals de rijkdom van de priesters en het gebrek aan kennis van het evangelie, bleven onveranderd of kwamen weer terug alsof ze nooit waren weggeweest. De geest van de Moderne Devotie had zich echter wel verspreid onder de geletterde burgerij van de Nederlandse steden, en bleef deel uitmaken van het gedachtegoed in de jaren die volgden.

In de vroege zestiende eeuw waren het geleerden als Erasmus van Rotterdam (ong. 1467-1536) die de misstanden in de kerk opnieuw aan de kaak stelden, zonder dat ze zelf de kerk verlieten. Erasmus' *Lof der zotheid* (gepubliceerd in het Latijn in 1511) is qua vorm een literair meesterwerk, maar bevat ook inhoudelijk een scherpe analyse van de staat van de kerk, met messcherpe observaties en soms vileine satire. Het werk laat zien dat het verzet tegen ingeslopen wantoestanden, dat hij illustreerde met beelden van hoererende, vretende en zuipende monniken, groot was. De dogma's van de kerk, zoals de sacramenten en de heiligenverering, liet Erasmus echter ongemoeid.

Omdat hij in het Latijn schreef was de directe invloed van zijn werk op de opkomende groep geletterde burgers niet groot. Toch wordt de *Lof der zotheid* beschouwd als een van de geschriften die de weg voor de Hervorming heeft opengelegd, door de bekendheid die het verwierf in geleerde kringen. Daarnaast schreven veel andere kerkhervormers wel in de taal van het volk en bereikten zij een groot publiek met gedrukte geschriften. De opkomende boekdrukkunst en de groeiende alfabetisering waren van wezenlijk belang om de massa voor de hervorming te mobiliseren.

13   Portret van Thomas à Kempis.

Luther

Maarten Luther (1483-1546) is de bekendste hervormer uit de eerste helft van de zestiende eeuw. Hij ging uiteindelijk veel verder in zijn kritiek op de kerk dan Erasmus, maar moest daartoe wel een lange weg afleggen. Luther had in eerste instantie beslist niet de intentie om de kerk vaarwel te zeggen, zijn doel was enkel veranderingen binnen de kerk teweeg te brengen. Nadat hij in 1517 zijn 95 stellingen op de kerkdeuren van Wittenberg had gespijkerd, duurde het vier jaar voordat hij de kerk moest verlaten, en vervolgens nog eens drie jaar totdat hij in 1524 zijn eigen kerk stichtte.

Vanaf het begin van zijn activiteiten kreeg Luther steun van wereldse heersers; Duitse vorsten die vaak uit opportunistische beweegredenen stelling namen tegen de katholieke kerk en

Maarten Luther nagelt zijn 95 stellingen op de kerkdeuren van Wittenberg.

tegen keizer Karel V, die hun macht wilde inperken. Luther werd door zijn tijdgenoten gezien als een radicaal omdat hij als eerste echt brak met de katholieke kerk. Met de kennis van nu kan Luther beter geduid worden als overgangsfiguur – hij is de schakel tussen de katholieke kerk zoals die was aan het begin van de zestiende eeuw en de radicale Hervorming die in de decennia na 1517 de politieke en godsdienstige verhoudingen in Noordwest-Europa totaal zou transformeren. Luther verwierp weliswaar een belangrijk deel van de dogmatiek van de katholieke kerk, in het bijzonder de leer der goede werken, maar hij bleef trouw aan de sacramenten van de (kinder-)doop en het avondmaal. Ook accepteerde hij zonder meer het primaat van de overheid ten opzichte van de religie. Anderen na hem kozen een veel radicalere weg, zoals bijvoorbeeld de dopers in het Zwitserse Zürich.

Portret van Keizer Karel V op 31-jarige leeftijd.

16 Zeven hervormers. In het midden Luther en links van hem Zwingli.

Zwitserse dopers

In het begin van de radicale Hervorming werden er alleen vraagtekens gezet bij de twee sacramenten die Luther ongemoeid had gelaten, de doop en het avondmaal, maar het uiteindelijke resultaat van de Hervorming was de volledige afwijzing van de leer van de katholieke kerk. Van een 'hervorming' van de katholieke kerk, Luthers eigenlijke doel, was dus eigenlijk geen sprake: er ontstond een geheel nieuwe kerk die nog maar heel weinig gemeen had met de ideeën en tradities van de oude kerk. Het geloof in Jezus Christus verbond de katholieke kerk en de Zwitserse Dopers, maar de wijze waarop in de praktijk aan dat geloof vorm werd gegeven was compleet anders. De kinderdoop verdween, het avondmaal was een gemeenschappelijke viering van gelovigen geworden en alle uiterlijk vertoon – dat zo nadrukkelijk aanwezig was in de katholieke kerk – werd uitgebannen.

Voor radicale Zwitserse hervormers als de Zürichers Conrad Grebel (1498-1526) en Felix Mantz (1498-1527) was de Bijbel, en met name het Nieuwe Testament, het enige gezag dat telde; niet de riten, de tradities en de gewoonten die in de katholieke kerk de plaats van het Woord waren gaan innemen. De laatste stap was dat het gezag van het Woord Gods boven dat van de overheid kwam te staan.

Door deze radicale stap namen Grebel en Mantz afstand van de eerste grote Zwitserse hervormer Ulrich Zwingli (1484-1531), die uiteindelijk het overheidsgezag wel erkende. Grebel, Mantz en hun volgelingen kwamen bekend te staan als 'dopers' of 'wederdopers' vanwege hun principiële afwijzing van de kinderdoop en de invoering van de volwassendoop. Volgens de dopers was in het Nieuwe Testament geen grond te vinden voor de kinderdoop. De keuze voor een leven in navolging van dat van Christus moest een bewuste keuze zijn, die alleen door volwassenen gemaakt kon worden en (pas dan) bezegeld kon worden met de doop. De consequentie was dat het ongedoopt laten van kinderen voor de ziel van die kinderen geen belemmering vormde om toegang te krijgen tot het Hemelse leven na de dood, in tegenstelling tot de doctrine van de katholieke kerk. Daar wachtte de ongedoopten niets beters dan het vagevuur. Hiernaast stelden de dopers de transsubstantiatieleer ter discussie, het idee dat Christus lijfelijk aanwezig was in het brood en de wijn die de gelovigen bij het avondmaal tot zich namen.

In eerste instantie lieten de Zwitserse overheden de hervormingsgroepen zoveel mogelijk met rust. Deze stedelijke gemeenschappen achtten de gewetensvrijheid van hun burgers hoog. Toen ze echter inzagen dat sommige dopers het gezag van het woord van Christus boven het gezag van de stedelijke overheid stelden, en dat daarmee het bestaan van de staat zelf werd bedreigd, veranderde dit. Het was het begin van felle vervolging van de doperse hervormers. Daarnaast geloofden de dopers dat het einde der tijden, en daarmee de verlossing door de komst van Gods Koninkrijk op aarde, nabij was. Het

Portret van priester Ulrich Zwingli.

was de directe consequentie van het belang dat aan het Woord Gods werd gehecht, een belang dat resulteerde in de letterlijke interpretatie van het boek Openbaringen. Dit sterke geloof, het optreden van charismatische 'profeten' die het snelle einde der tijden voorspelden en zelfs een handje wilden helpen, en de gelovigen die zich daar op gingen voorbereiden, maakte de beweging in de ogen van de overheid onberekenbaar, onbeheersbaar en (dus) zeer gevaarlijk. Aan het einde van de jaren 1520 werden de eerste dopers opgepakt en ter dood veroordeeld, waaronder ook Mantz en Grebel. Het waren vonnissen van een stadsbestuur dat onder invloed van Zwingli protestants was geworden. Protestanten waren tegenover protestanten komen te staan en de gevolgen waren niet minder afgrijselijk dan wanneer de vervolging door de katholieken werd uitgevoerd. Hoe streng er ook vervolgd werd, het doperse gedachtegoed verspreidde zich steeds verder. De afwijzing van de kinderdoop en het vaste geloof in het naderende einde der tijden werden kernelementen van wat later bekend kwam te staan als de Radicale Reformatie.

Verspreiding van doperse denkbeelden

De doperse beweging slaagde erin zich in de jaren 1520, ondanks de zware vervolging, over geheel West-Europa uit te spreiden. Per streek of land verschilden de strengheid van de vervolging en de mate van vrijheid voor de dopers. In Midden-Duitsland werd er zo meedogenloos jacht op hen gemaakt dat ze amper voet aan de grond kregen. Toch was de beweging moeilijk uit te roeien als ze eenmaal ergens wortel had geschoten. Kleine gemeenten van dopers konden zich snel vormen, zij het met een grote onderlinge verscheidenheid omdat er nog geen echte doctrine of leer was waar de gelovigen zich aan vast konden houden.

Ook in de Nederlanden was sprake van een vruchtbare voedingsbodem voor de doperse beweging. Het was een relatief dichtbevolkt en verstedelijkt gebied waar kennis en informatie snel hun weg konden vinden. Eerdere hervormingsbewegingen, zoals de genoemde Moderne Devotie, hadden al de nodige aanhang onder de stedelijke burgerij verworven, en hadden deze ontvankelijk gemaakt voor nieuwe ideeën. De vele steden, met een groot netwerk van handelscontacten door geheel Europa, het bloeiende bestaan van de boekdrukkunst en een relatief geletterde burgerij vormden samen een ideale broedplaats voor allerhande 'ketterse' ideeën.

Ook op andere plekken, bijvoorbeeld in vrije steden in Duitsland zoals Augsburg, waar de keizer geen gezag over had, vormden vergelijkbare gunstige omstandigheden een tegenwicht tegen de strenge vervolging van de dopers. Hierdoor kon deze radicale beweging zich in een decennium als een inktvlek over West-Europa uitspreiden. Essentieel hierbij waren de rondreizende 'profeten' die overal – en vaak met gevaar voor eigen leven – de nieuwe ideeën verkondigden. Een van hen, die ook in de Nederlanden een belangrijke rol speelde bij de verspreiding van het doperse gedachtegoed, was Melchior Hoffman.

Melchior Hoffman

De bontwerker Melchior Hoffman (ong. 1495-1543) was afkomstig uit Zuid-Duitsland. Oorspronkelijk hoorde hij tot de aanhangers van Luther, maar al snel begon hij te twijfelen over een aantal zaken. Toen Hoffman stelde dat het lichaam van Christus niet werkelijk maar alleen in de geest aanwezig is in het brood en de wijn van de communie, kwam hij in conflict met de andere Lutheranen. Zij bleven immers vasthouden aan het avondmaal als een van de sacramenten en geloofden dat Christus lijfelijk aanwezig was in het brood en de wijn. Een ander groot twistpunt was Hoffmans afwijzing van de kinderdoop. Luther hing bovendien een vorm van voorbestemming aan, terwijl Hoffman de mens een vrije wil toedichtte: er waren uitverkorenen, maar wie niet uitverkoren was viel niet in de categorie eeuwig verdoemden, zoals later

Melchior Hoffman.

bij Calvijn het geval was. De mens had daarmee in de visie van Hoffman zeggenschap over zijn leven. Al met al was Melchior Hoffman een ketter van de ergste soort. Niet alleen in de ogen van de katholieken, maar ook in die van de Lutheranen.

Tot het einde van de jaren 1520 was Hoffman als 'profeet' actief in Scandinavië, in het Baltische gebied en in Noord-Duitsland, waar andersdenkenden relatief weinig in de weg werd gelegd. Toch was er voor Hoffman uiteindelijk ook daar geen plaats. Zijn oppositie tegen het Lutheranisme was te fel en in 1529 werd hij uit Holstein verbannen. Van daaruit reisde hij naar Straatsburg. Hier kwam zijn 'carrière' als hervormer in een andere, nog gevaarlijker fase. Hoffman raakte in de ban van de apocalyptische ideeën over de nabijheid van het einde der tijden en de komende wederkeer van Christus op aarde, zoals in Johannes' Openbaringen beschreven. Ook Straatsburg moest hij binnen een jaar weer verlaten. Zijn opruiende preken zorgden voor onrust en het stadsbestuur was hier niet van gediend. De angst om opgepakt en als ketter berecht te worden deed hem weer vluchten.

In het voorjaar van 1530 was Hoffman terug in Noord-Duitsland. Ditmaal verbleef hij in Oost-Friesland, waar hij in eerste instantie door de autoriteiten met rust werd gelaten. Maar ook hier maakte hij het door zijn voortdurend preken en dopen voor de overheid te bont. Aan het einde van 1530 had hij zo veel beroering gewekt, dat hij het gebied moest verlaten. Aan de dood wist hij voorlopig te ontsnappen. De basis voor Hoffman's contacten met gelijkgestemden in de Nederlanden is in deze Oost-Friese periode gelegd. Tussen 1530 en 1533 werden deze banden versterkt, toen hij waarschijnlijk enige tijd in Friesland en in andere delen van de Nederlanden verbleef. Zeker is dat hij de gelovigendoop in de Noordelijk Nederlanden heeft geïntroduceerd. Er zijn geschriften van hem in de Noordelijke Nederlanden gedrukt en er zijn geruchten opgetekend dat hij in Amsterdam gedoopt zou hebben. Ook heeft hij zelf hierover in 1537 geschreven. Het geloof van Melchior Hoffman in de goddelijke voorzienigheid en de komende eindtijd was groot. Zo groot, dat hij zich in 1533 weer naar Straatsburg begaf. Het was zijn overtuiging dat hij in Straatsburg een half jaar in gevangenschap moest doorbrengen, wachtend op de wederkomst van Christus, zoals een man uit Oost-Friesland hem had voorspeld. Hij trad zo provocerend op dat hij vrijwel onmiddellijk gevangen gezet werd – precies volgens plan. In ieder geval wat betreft het eerste deel. Het werden meer dan zes maanden. Melchior Hoffman zou na tien jaar sterven in zijn cel.

Hoewel hij een felle stijl van prediken en uitgesproken denkbeelden had, geloofde Hoffman niet dat geweld, het ontwrichten van de bestaande wereld en het verwezenlijken van het Koninkrijk Gods door mensenhanden het einde der tijden en de wederkomst van Christus dichterbij zouden brengen. Een deel van zijn volgelingen, zo zullen we verderop zien, koos echter wel voor een andere, meer gewelddadige richting om door eigen handelen het Koninkrijk Gods op Aarde te bewerkstelligen.

Friesland rond 1500

Voor we nader in kunnen gaan op de opkomst van de doopsgezinden in Friesland is het eerst nodig om de situatie in dit gewest aan het begin van de zestiende eeuw te schetsen. Ook in Friesland hielden in die tijd godsdienstige kwesties de gemoederen bezig, maar belangrijker voor de meeste Friezen was de dagelijkse strijd om het naakte bestaan. Voor het gehele noorden en oosten van de Nederlanden was de vroege zestiende eeuw een zwarte periode. Er heerste grote militaire, politieke en bestuurlijke onrust. Eerder noemden we al de problemen die er in Duitsland waren door oorlogen en oorlogjes tussen grote en kleine potentaten. In het noordelijke en oostelijk deel van de Nederlanden was het, door de afwezigheid van enig centraal gezag, niet anders.

Nu was middeleeuws Friesland nooit een gebied van grote rust en stabiliteit geweest, maar aan het einde van de vijftiende eeuw liep het aloude conflict tussen Schieringers en Vetkopers totaal uit de hand. Doordat deze partijen niet in staat waren hun onderlinge geschillen bij te leggen en overeenstemming over het bestuur van het gewest Friesland te bereiken, werd

hertog Albrecht van Saksen in 1498 benoemd tot gezaghebber in Friesland. Hiermee was de bijl aan de wortel van de zo bejubelde Friese vrijheid gezet. In de Saksische periode (1498-1515) veranderde Friesland van een vrije republiek in een gewest onder streng vorstengezag, wat de nodige weerstand opriep bij de Friezen. In 1515 kwam Friesland in handen van de toekomstige Habsburgse keizer Karel V – toen nog graaf van Holland – die ook te maken kreeg met verzet van de Friezen en bovendien het gewest meteen moest verdedigen tegen de hebzucht van de hertog van Gelre. Toen deze oorlog in 1524 ten einde kwam, met Karel V als overwinnaar, werd Friesland geconfronteerd met de centralistische politiek van de Habsburgers die het definitieve einde van de Friese zelfstandigheid betekende. Hiermee kwam ook een einde aan de schier oneindige reeks van conflicten die het gewest eeuw na eeuw had geteisterd. De rust op staatkundig gebied betekende echter bepaald geen rust op godsdienstig gebied.

Ketters in Friesland

In de eerste jaren na het optreden van Luther was er in Friesland nog weinig van de Hervorming te merken. De Friezen waren wellicht te druk met hun onderlinge strijd en oorlogen met andere gewesten om zich bewust te zijn van de grote veranderingen die zich aankondigden. Aan de andere kant lijkt het logisch dat juist in een onzekere periode nieuwe denkbeelden

Portret van graaf Albrecht van Saksen.

die een betere toekomst beloofden snel steun zouden verwerven. Dat zou meteen verklaren waarom aan het einde van de jaren 1520 de radicalere doperse richting wel aanhangers in Friesland verwierf, terwijl het werk van Luther vrijwel onopgemerkt bleef.

Daarnaast waren ook andere factoren van invloed op de langzame opkomst van de Friese hervormingsbeweging. Friesland vervulde een veel minder belangrijke rol in economie en politiek dan Vlaanderen en Holland en liep – ook vanwege de decentrale ligging – wel eens wat achter op de informatievoorziening. Tekenend is bijvoorbeeld dat een plakkaat tegen Luther, dat in Holland al in 1521 werd afgekondigd, in Friesland pas vijf jaar later verscheen. Over het hoe en wat van de komst van de Hervorming naar Friesland tasten we echter grotendeels in het duister.

De eerste ketter die veroordeeld werd (1526), beschikte waarschijnlijk niet over een breed arsenaal aan theologische denkbeelden. Wilhelmus Tanckes uit Anjum beledigde de Maagd Maria en had de pech opgepakt te worden. Tanckes was maar een gewone man die zich had laten gaan. Desalniettemin werd hij in het openbaar als ketter tentoongesteld, zijn tong werd doorboord en hij moest in zijn woonplaats meelopen in een processie, waarschijnlijk om berouw te tonen tegenover de Heilige Maagd. Van een systematische campagne tegen ketters was echter nog geen sprake – Tanckes lijkt simpelweg de verkeerde man op de verkeerde plaats te zijn geweest.

De werkelijke bestrijding van ketterij begon in 1529, toen twee raadsheren van het Hof van Friesland – het hoogste Friese rechtscollege – werden aangesteld als commissarissen voor geloofszaken. Om de kettervervolging kracht bij te zetten kondigden de autoriteiten een streng plakkaat af. Het beloofde ketters de dood door onthoofding of ophanging als ze hun denkbeelden niet wilden herroepen. Wie na herroeping opnieuw in de fout zou gaan, wachtte de brandstapel. Wybrant Janszoon van Hartwerd was het eerste slachtoffer. Zijn onthoofding vond plaats op 28 juni 1530. Zijn misdaad was dat hij ontkende dat Christus God en Mens tegelijk kon zijn. Acht maanden later rolde het hoofd van Sicke Frericxs Snijder. Toen hij in 1531 na een periode van ballingschap in Oost-Friesland terugkwam in Friesland werd hij direct opgepakt en met het zwaard in Leeuwarden terechtgesteld. Hij had zich laten herdopen en weigerde hierover spijt te betuigen.

De kettervervolging in Friesland was niet eenvoudig. Terwijl Friesland na het verlies van de Friese vrijheid onder het gezag van de katholieke keizer Karel V stond die ketters streng vervolgde, had het gewest Groningen (Stad en Lande) nog geen strenge wetgeving tegen de ketters. Hetzelfde gold voor het aan Groningen grenzende graafschap Oost-Friesland. Friese ketters konden hierdoor makkelijk ontkomen, en misschien vond de overheid dat ook niet erg. Anders was het wanneer ze van buiten de provincie in kwamen. De eerste doodvonnissen werden geveld over twee mannen die al geruime tijd in het buitenland hadden verkeerd en waren teruggekomen. Waarschijnlijk zagen de machthebbers hen als 'provocateurs' van buiten Friesland en vormden ze daardoor een bedreiging voor de rust in Friesland. Toen Groningen ook steeds meer onder het feitelijke gezag van de keizer kwam en hem tenslotte in 1536 als landsheer moest erkennen, werd Oost-Friesland het toevluchtsoord voor vervolgde ketters, zolang ze zich maar gedeisd hielden. Hier kwam nog eens bij dat lokale bestuurders, zolang de openbare orde niet in het geding was, er gewoonlijk weinig voor voelden om de letter van de wet te handhaven.

Het begin van de radicale fase

Eerder zagen we dat Melchior Hoffman de kinderdoop verwierp en de volwassendoop in de Nederlanden introduceerde. Helaas zijn de bronnen over wat hij precies heeft gedaan schaars, maar uit het weinige beschikbare materiaal blijkt wel dat hij een leidende kracht is geweest. Toen hij, gehoor gevend aan de voorspelling die hem gedaan was, in 1533 naar Straatsburg reisde, viel zijn leiding in de Nederlanden weg. De verkondiging van het komende einde der tijden en de visioenen van Hoffman gaven veel gelovigen hoop op een snelle verlossing en een snelle wederkomst van Christus. Een boekje waarin de Munsterse predikant Berndt Rothmann de ideeën van Melchior Hoffman

over de spoedige wederkomst van Christus presenteerde, zorgde er na Hoffmans vertrek voor dat in 1533-1534 de doperse beweging in Amsterdam steeds sterkere apocalyptische denkbeelden ging aanhangen: de wederkomst van Christus was nabij. De dopers radicaliseerden en stuurden aan op een revolutie, waardoor de vervolging aanmerkelijk strenger werd.

Ook voor deze radicale fase hadden de volgelingen van Hoffman het in sommige gewesten al zwaarder dan in andere. Friesland kende geen mededogen met de ketters zoals blijkt uit

25   De lijken van de wederdopers worden opgehangen aan galgen op het galgenveld Volewijk, 1535.

de eerder genoemde terechtstellingen van Wybrant Janszoon en Sicke Frericx Snijder. Tegelijkertijd konden doperse ketters in andere delen van de Nederlanden tot op zekere hoogte ongestoord hun gang gaan. In Amsterdam was bijvoorbeeld Jan Volkersz Trypmaker actief. Hij was in 1530 uit Oost-Friesland verbannen vanwege zijn dopers activisme, maar kon in Amsterdam enige tijd ongemoeid volwassenen dopen. Toch waren er ook daar grenzen, zeker voor hen die ze moedwillig opzochten, en Trypmaker was zo iemand. In 1531 had hij het de schout zo moeilijk gemaakt – hij had zich vrijwillig laten opsluiten, en was op zoek naar de martelaarsdood om een gevoelde roeping te vervullen –, dat er weinig anders overbleef dan hem aan het Hof van Holland over te dragen. Met acht anderen werd Trypmaker in Den Haag onthoofd.

26   Marteling en terechtstelling van de wederdopers op het schavot voor het oude stadhuis op de Dam te Amsterdam, 28 juli 1535. Vanuit de ramen van het stadhuis kijken rechters toe, op de Dam een grote menigte.

Na het vertrek van Melchior Hoffman uit de Nederlanden was Amsterdam het centrum van de doopsgezinde beweging. Leider van de Amsterdam-groep was nu de Haarlemse bakker Jan Matthijsz, die zichzelf als profeet zag. In die hoedanigheid zond hij apostelen uit, in koppels van twee, om zoveel mogelijk mensen voor zijn denkbeelden te winnen en hen te herdopen. Twee mannen trokken begin december 1533 naar Leeuwarden, waar ze een groep van zo'n vijftien mensen vonden die het gedachtegoed van Hoffman aanhing. Deze gelovigen lieten zich herdopen door de twee afgevaardigden van Jan Matthijsz. De apostelen benoemden ook twee 'oudsten'; een van hen was Obbe Philips die na het drama van Munster in 1535 een belangrijke rol zou gaan spelen in de doperse beweging binnen en buiten Friesland. Obbes' broer Dirck, die later een van de belangrijkste metgezellen van Menno Simons zou worden, werd ook gedoopt in december 1533. Het noordelijke deel van de Nederlanden bleek de vruchtbaarste voedingsbodem voor de doperse beweging. Er is geen eenduidige oorzaak aan te wijzen voor het feit dat de doperse beweging aan het begin van 1534 in de gehele noordelijke Nederlanden aanhang had. Wellicht kwam het door de slechte economische omstandigheden, of door de oorlogen die er in deze tijden dreigden; misschien was het een reactie op de vervolging, of kwam het juist door de doperse propaganda? De aanhang groeide in ieder geval en in sommige streken van Noord-Holland was zelfs sprake van een massabeweging. De meeste gelovigen waren in afwachting van de goddelijke tekenen voor een komende verlossing. Het centrum van deze apocalyptische beweging werd de Duitse stad Munster.

Munster

In 1533 was er in Munster een conflict ontstaan tussen de stedelijke predikanten en het overwegend Lutherse stadsbestuur. De kern van het conflict was de status van twee sacramenten, de doop en het avondmaal. De predikanten stelden dat alleen een volwassendoop betekenis had omdat de gelovigen daarmee bewust voor een leven in de gemeenschap der gelovigen kozen.

Wat het avondmaal betreft wezen zij het idee af dat Christus werkelijk in het brood en de wijn aanwezig was. Het brood was niet het lichaam van Christus. Bijna tien jaar eerder speelde dezelfde kwestie ook in Zürich en kostte toen Conrad Grebel het leven. Volgens de Munsterse predikanten was het avondmaal niet anders dan de viering van de gemeenschap der gelovigen. De twee afgevaardigden van Jan Matthijsz die in begin 1534 in de Duitse bisschopsstad Munster aankwamen troffen daar een welwillend gehoor voor hun radicale boodschap. Honderden gelovigen lieten zich herdopen en in februari werd het stadsbestuur afgezet. Dit was de aanzet voor een van de vreemdste episodes uit de geschiedenis van de eerste helft van de zestiende eeuw in West-Europa: het Munsterse Godsrijk.

Jan Matthijsz, die zelf ook naar Munster was afgereisd, slaagde er in om een doperse Godsstaat te stichten, in afwachting van de wederkomst van Christus. De gevluchte bisschop van Munster had intussen de nodige troepen en belegerde al snel de stad. Jan Matthijsz dacht door een onbezonnen actie het tij te keren, maar werd op Pinkstermaandag 1534 bij een uitval, door de bisschoppelijke troepen in stukken gehakt. Toch slaagden de Munstersen er in het beleg te weerstaan en de stad tijdelijk te ontzetten.

Het bestaan van de Godsstaat trok veel gelovigen uit de Nederlanden naar Munster en is uitgebreid beschreven. Toen de stad eind augustus 1534 standhield tegen een tweede stormloop van troepen van de bisschop en van diens wraak werd gered, werd het geloof dat Munster het Nieuwe Jeruzalem was alleen maar sterker. Wie zich niet wilde laten herdopen moest de stad verlaten en andersdenkenden werden vervolgd. Naar alle herdoopten ging de uitnodiging naar Munster te komen in afwachting van het laatste oordeel. Op het gedachte moment, Pasen 1535, gebeurde echter niets. Jan van Leyden, wist zich er uit te redden door te stellen dat Christus pas zou komen nadat de hele wereld zich zou hebben hervormd naar het voorbeeld van Munster. Van Leyden liet zich tot koning over de aarde kronen en voerde een aantal opzienbarende maatregelen door, zoals de afschaffing van privébezit en de invoering van polyga-

mie. De dopers wisten diverse pogingen van de bisschop om zijn stad te heroveren af te slaan, maar in juni 1535 moesten ze zich gewonnen geven. Voor de meeste mannen wachtte de dood. Jan van Leyden en twee andere leiders werden in 1536 terechtgesteld.

De gevolgen voor de dopers in de Nederlanden waren groot. Tijdens het Munsterse koninkrijk waren verscheidene pogingen ondernomen om gelovigen uit de Nederlanden te mobiliseren om steun te bieden. In maart 1534 probeerden enige duizenden het, maar ver kwamen ze niet. Een deel werd in Amsterdam tegengehouden en als ze de Zuiderzee al overstaken, kwamen ze niet verder dan Genemuiden waar ze werden opgewacht en teruggestuurd. Als ze berouw toonden tenminste. Sommigen

29 Naaktlopers te Amsterdam, februari 1535. Wederdopers lopen naakt en roepend door de straten van Amsterdam.

werden vervolgd en kwamen er met lichtere straffen af, maar wie niet wilde herroepen wachtte de wraak van de overheid. Andere uitbarstingen van plotselinge geloofsijver liepen ook op niets uit. Een van de meest trieste voorbeelden van een totaal mislukte actie is die van de Amsterdamse naaktlopers. Zij dachten, met steun van de goddelijke voorzienigheid, door naakt door Amsterdam te lopen de stad tot een tweede Munster te kunnen maken.

Oldeklooster

Toch faalden niet alle steunbetuigingen aan de Munstersen zo snel. Een van de meer succesvolle acties speelde zich af in Friesland, bij het Oldeklooster van Bolsward en zou van grote betekenis zijn voor de verdere ontwikkeling van het doperdom in de Nederlanden. Het was hier dat Menno Simons, toen nog priester, voor het eerst direct geconfronteerd werd met de gevolgen van een keuze vóór de dopers en tégen de katholieke kerk, maar ook met de kracht van het geloof.

Eind maart 1535 trok een aantal gezanten uit Munster naar de Nederlanden om steun te werven, zowel financiële als militaire. Een dergelijke reis was niet gemakkelijk. Iedere overheid kende 'Munster' en was daarom alert op het gevaar van de militante dopers. Plaatselijk werden er maatregelen genomen om de dopers de doorgang te verhinderen. Toch slaagden de – vastberaden of wanhopige – gezanten er in om Friesland te bereiken en er geloofsgenoten te vinden die hen steunden. Twee van hen leverden religieuze boeken af in Bolsward. De geloofsversterkende en hoopgevende invloed die hier van uitging was groot. De doperse ideeën sloten naadloos aan bij de al bestaande weerstand tegen het katholicisme.

Het was in de tijd van Pasen. Om te voorkomen dat ze het sacrament van het brood moesten ondergaan, was een groot aantal dopers en andere hervormingsgezinden de steden en de dorpen in Noordwest-Friesland uit getrokken. Ze verzamelden zich bij het dorpje Tzum, niet ver van de stad Franeker. Deze samenkomst alleen was al genoeg provocatie voor de autori-

teiten en een reactie bleeft niet uit. Friesland had in deze tijd een stadhouder, die namens keizer Karel V het gezag van de centrale overheid vertegenwoordigde. De stadhouder, Georg Schenck van Toutenburg, stuurde zijn soldaten op de dopers af. Bij Tzum vielen ze aan, maar zonder succes. De dopers verweerden zich zo kranig, dat de troepen van de stadhouder de aftocht moesten blazen. Deze overwinning gaf de dopers nieuwe moed en werd als een teken gezien dat God aan hun zijde stond.

Op dat moment bestond de groep uit ongeveer 300 mensen die vanuit Tzum naar het zuiden trok, in de richting van de stad Bolsward. Daar drongen ze het klooster Bloemkamp, ook

31 Het beleg van het door de wederdopers bezette Oldeklooster bij Bolsward door de troepen van stadhouder Georg Schenck, april 1535.

bekend als Oldeklooster, binnen. De menigte sloeg direct de beelden en symbolen van het katholicisme kapot, want de 'afgoderij' moest worden vernietigd. De bezetting van het klooster was echter niet gepland en eenmaal binnen waren de dopers zelf ook enigszins verrast door hun succes. Zonder een vastomlijnd plan of strakke organisatie, maar met het sterke geloof in de op handen zijnde wederkomst van Christus, konden de dopers niet anders dan wachten op wat zou komen.

De reactie vanuit Leeuwarden laat zich raden. De stadhouder kwam met een flink aantal manschappen om het 'probleem' op te lossen. Onderhandelingen om de bezetting van het klooster zonder te veel bloedvergieten tot een einde te laten komen mislukten. Uiteindelijk namen de stadhouderlijke troepen het klooster met veel moeite en geweld in. Er was geen genade voor de dopers. De gewonden werden omgebracht, de overlevenden ter plekke opgehangen of naar Leeuwarden overgebracht en daar gevangen gezet. Daar wachtte niets anders dan de doodstraf door verdrinking of door het zwaard. Onder de slachtoffers was een broer van Menno Simons. Menno zelf had op dat moment de stap uit de katholieke kerk nog niet gezet en was niet betrokken bij de gebeurtenissen, maar de dood van zijn broer zal hard zijn aangekomen.

Tijdens de bezetting van het Oldeklooster hadden de dopers ook boden uitgezonden om steun te krijgen, maar tevergeefs. In mei 1535 probeerden de dopers nog om Amsterdam in handen te krijgen, maar ook deze onderneming faalde jammerlijk. Het was het lot van de hele apocalyptische beweging. Het uitblijven van de uitkomst van profetieën die de spoedige wederkomst van Christus hadden voorspeld, ondergroef de geloofwaardigheid. Het falen van de gewelddadige strategie in Munster, Oldeklooster en Amsterdam deed de rest. De overheden bleven weliswaar waakzaam, maar feitelijk was in 1535 het ware vuur van de revolutie gedoofd. Het radicale karakter van de doopsgezinde beweging bleef, maar kreeg na dat jaar voor de meesten een totaal andere lading. Met het bloedbad bij Oldeklooster werd de militante tak van de dopers een slag toegebracht die ze in Friesland niet te boven zou komen. De dopers trokken lering uit deze gebeurtenis, die de aanzet was tot een meer vredelievende doopsgezinde beweging die iedere vorm van geweld afkeurde. In de plaats van het geweld kwam in de Nederlanden een strategie van geweldloosheid, en in plaats van te strijden tegen de overheid trokken de dopers zich terug uit 'de wereld' in een gemeenschap van gelovigen. Menno Simons, die het falen van de gewelddadige strategie van nabij had meegemaakt, werd de belichaming van deze richting.

HOOFDSTUK 2

1535-1580
De weg naar acceptatie

Een tweede golf

Na de gebeurtenissen in Munster en Oldeklooster volgde een periode van heroriëntering voor de doopsgezinden. Na de geleden nederlagen waren de gedachten en ideeën niet verdwenen, ook al waren er van de dopers zelf nog maar een paar over in Friesland. De chaotische toestanden binnen de overgebleven groep dopers boden weinig hoop op het ontstaan van een enigszins samenhangende organisatie. Toch bestond er een diep geloof en een groot godsvertrouwen waarmee de doopsgezinde beweging haar ontwikkeling voortzette.

In de Nederlanden was de grote aanhang uit het begin van de jaren 1530 verdwenen, maar op veel plaatsen, waren kleine groepjes overgebleven die de basis voor de tweede golf van de doopsgezinde beweging zouden vormden. Ook in de rest van West-Europa bleef een discreet netwerk bestaan waardoor dopers in verschillende gebieden met elkaar in contact konden blijven. Zo was het mogelijk dat in 1536, een jaar na het drama van Munster, twintig tot vijfentwintig doperse leiders uit heel West-Europa elkaar ontmoetten in het Duitse Bocholt, om over de toekomst van de beweging te spreken en te discussiëren over de uitgangspunten van het doperdom. Van vrijheid was op dat moment echter nog geen sprake, hoewel de vervolgingsijver na Munster enigszins verzwakte. De Friese broers Obbe en Dirck Philips konden bijvoorbeeld niet aanwezig zijn bij de bijeenkomst in Bocholt omdat ze bang waren tijdens de reis opgepakt te worden. Het blijft overigens raadselachtig hoe men zich enerzijds redelijk vrij kon bewegen en met elkaar in contact kon staan, en anderzijds te maken had met overheden die hen eenvoudigweg kon oppakken en ter dood brengen.

De aanwezigen in Bocholt waren het over twee zaken eens; de afwijzing van de eucharistie (de transsubstantiatieleer) en de afwijzing van de kinderdoop – en daaruit volgend de centrale plaats van de volwassenendoop. Deze twee elementen vormden de kern van het doperse geloof. Over andere kwesties die zich in de nasleep van Munster voordeden was men het echter bepaald niet eens. Het gebruik van geweld en het al of niet toestaan van polygamie waren bijvoorbeeld grote twistpunten. In de loop van de zestiende eeuw verdwenen deze geschilpunten weer. Gewelddadige dopers als Jan van Batenburg werden opgepakt, veroordeeld en terechtgesteld. De gewelddadige tak als geheel was niet opgewassen tegen de overheid. De voorstanders van polygamie verloren snel terrein.

Met Obbe en later Dirck Philips zijn twee sleutelfiguren genoemd die de doperse beweging in de Nederlanden gered hebben in deze onzekere tijd. Obbe speelde vooral in de jaren 1535-1540 een rol als voorman van de doperse beweging in de noordelijke Nederlanden. Deels stond hij op één lijn met de volgelingen van Melchior Hoffman. Evenals de Melchiorieten wees hij geweld en polygamie af, en van profetieën moest hij – zeker na het echec van Munster – niets meer hebben. Als 'oudste', als leider of 'bisschop' zoals men in deze tijd het ambt ook wel aanduidde, had hij zijn wijding gekregen van de apostelen die in 1533 door Jan Matthijsz vanuit Amsterdam waren gezonden. In die hoedanigheid, gaf hij in het diepste geheim in Holland en in de Groninger Ommelanden vertroosting en leiding aan de kleine schare overgebleven gelovigen. Obbe Philips gaf dit werk in 1539 of 1540 op, en verliet de doperse beweging, twijfelend aan het zuivere karakter van zijn wijding door Jan Matthijsz.

Met het vertrek van Obbe Philips leden de dopers een gevoelig verlies, zeker in een tijd dat de beweging nog maar klein was. Het had het einde kunnen betekenen van de doperse beweging in de Nederlanden, en vooral in Friesland waar Obbe vandaan kwam. Gelukkig werd Obbe's werk overgenomen door zijn broer Dirck Philips en door Menno Simons. Deze laatste kwam al snel naar voren als voorman van deze tak van de doperse beweging. Zijn grote tegenhanger in de Nederlanden werd de Delftse glasschilder David Joris (1501-1556) die zichzelf profetische gaven toedichtte en veel dichter bij het gedachtegoed van de Munstersen stond dan Menno. Menno nam in zijn *Fundamentboeck* (1539) scherp afstand van Joris' denkbeelden. De zogenaamde profetische gaven van David Joris waren Menno een gruwel. Ook de rol die Joris aan de Heilige Geest als inspiratiebron voor profetieën toekende, was aan Menno niet besteed. Dit leidde tot Spiritualisme, en leidde af van de Letter van de Schrift. Feitelijk was het een nuanceverschil. Menno kende de Geest wel degelijke een rol toe naast de Schrift, maar stelde de Schrift boven of naast de Geest, terwijl bij Joris de Geest leidend was. Over de doop waren ze het wel eens. David Joris heeft geen grote invloed gehad op de verdere ontwikkeling van de positie van de doopsgezinden in Friesland.

Menno Simons – de keuze voor de doperse beweging

Tot nu toe hebben we nog weinig aandacht gegeven aan Menno Simons. We zien hem pas aan het einde van de jaren 1530 naar voren komen, toen de doperse beweging al een roerige geschiedenis achter zich had, hoewel ze nog maar zo'n 15 jaar bestond. Menno Simons werd in 1496 in Witmarsum geboren. In 1524 werd hij tot priester gewijd in Utrecht, waarna hij zijn eerste functie kreeg als kapelaan in het dorpje Pingjum, niet ver van zijn geboorteplaats. Langzamerhand, als we zijn eigen verhaal volgen zoals hij dat in 1554 in druk publiceerde, ontstond bij hem de twijfel over twee van de fundamenten waarop het katholieke geloof was gebouwd; eerst de eucharistie, daarna de kinderdoop. Dit weerhield hem er echter niet van om zich rond 1532 tot pastoor van de rijke plattelandsparochie Witmarsum te laten benoemen. De tumultueuze gebeurtenissen van de jaren 1533-1535 brachten Menno's ontwikkeling in een stroomversnelling. Het werd steeds moeilijker om aan de zijlijn te blijven staan in het conflict tussen de heersende kerk en de dopers. Toch duurde het tot begin 1536 voordat hij voorgoed de katholieke kerk de rug toekeerde. Misschien duurde het zo lang omdat het geweld waarvan de beweging zich bediende hem tegenstond.

Het is alleszins opmerkelijk dat Menno juist de keuze maakte op het moment dat de katholieke kerk in Friesland volledig aan de winnende hand leek te zijn. Het was een moment dat het perspectief van de dopers belabberd was. Het was veel makkelijker geweest wanneer hij zijn leven als dorpspastoor op de oude voet had voortgezet. Menno, zo kunnen we vaststellen, was een van die mensen die, juist als alles verloren lijkt, het moment gekomen acht om op te staan.

Na zijn 'Uutganck' uit de katholieke kerk in het begin van 1536 vertrok Menno naar Groningen, waar de dopers op dat moment relatief ongestoord konden leven. Stad en Ommelanden hadden meer van hun zelfstandigheid weten te bewaren ten opzichte van het centrale gezag dan Friesland, en waren pas midden 1536 – dus vlak nadat Menno zich er vestigde – formeel deel uit gaan maken van het rijk van Karel V. Desalniettemin duurde het even voordat de strenge plakkaten tegen de dopers in het gewest ook daadwerkelijk werden uitgevoerd. In eerste instantie bleven veel van de oude privileges waarover het gewest beschikte bestaan. Dit betekende dat de regering van het gewest zich weinig aantrok van de scherpe plakkaten tegen de dopers. Later werd de grond hier toch te heet onder de voeten van de doperse leiders omdat het bestuur van het gewest zich steeds meer gedwongen voelde zich neer te leggen bij het woord van Keizer Karel V. Een aantal van hen vertrok naar Noord-Duitsland, waar ze in ballingschap leefden.

Menno Simons – keuzes binnen de doperse beweging

Binnen de doperse beweging koos Menno Simons de weg van Obbe en Dirck Philips, een weg die hij zich snel eigen maakte. Met hen nam hij stelling tegen de profetische en apocalyptische denkbeelden die tot het bloedbad van Munster hadden geleid en koos hij voor geweldloosheid, voor de volwassenendoop en voor het avondmaal als middel tot viering en sterking van de banden met de medegelovigen. De kerkelijke gemeente speelde een centrale rol in Menno's denkbeelden. Hij zag de gemeente als verzameling van gelovigen die met de doop bewust hadden gekozen voor hun geloof en een leven in de geest van Christus, en hij beschouwde de gemeente als opvolger van de apostolische gemeenschappen uit het begin van het christendom. Er bestond echter een spanning tussen de individuele keuze voor een leven in Christus en het collectieve leven in een gemeenschap, wat later tot de nodige conflicten zou leiden.

Menno Simons ontving zijn doop en wijding als oudste van Obbe Philips – waarschijnlijk al in 1536, het jaar van zijn uittreden. Het leven als oudste was zwaar. Ze reisden in en door gebieden waar vaak de doodstraf stond op het aanhangen van de hervormingsbeweging. Een leven als vluchteling zonder eigen thuis, een voortdurende angst voor gevangenschap en de daarop volgende verhoren met fysieke martelingen, en een zekere dood als je niet bereid was je denkbeelden te herroepen – dat was het leven van de oudste. Tegelijkertijd was er de troost en het vertrouwen van medebroeders en -zusters, die met de komst van de oudsten in hun geloof gesterkt werden en hoop kregen. De dankbaarheid voor deze sterking, en de groei van de kleine kudde, dat maakte alles de moeite waard.

Menno's succes als rondreizend oudste was aanzienlijk. In 1542 publiceerde de keizerlijke regering een plakkaat waarin het eenieder werd verboden hem onderdak te geven, met hem te spreken of zijn boeken te lezen. Alleen al om de kennis van Menno's werk kon men vervolgd worden. Al voor de uitvaardiging van dit plakkaat was Tjaard Renixz uit Kimswerd ter dood veroordeeld, onder meer vanwege het bieden van onderdak aan Menno. De balling zelf vond, na een opgejaagd leven, uiteindelijk een thuis in Oldesloe in Sleeswijk, waar hij vanaf 1549 tot aan zijn dood in 1561 woonde. Hij zou in die tijd slechts een keer naar zijn geboortegrond terugkeren.

De rol van de oudsten

Zoals gezegd speelden de oudsten een belangrijke rol binnen het gemeenteleven van de doopsgezinden. Alleen zij konden de doop toedienen, alleen zij konden voorgaan bij het avondmaal. Menno Simons en Dirck Philips konden als oudsten de leiding van de doopsgezinde beweging in de Nederlanden niet alleen af. Om de beweging te verzekeren van een toekomst als zij zouden worden opgepakt, maar ook om de groeiende groep gelovigen te kunnen bezoeken en bij elkaar te houden, benoemden ze rond 1542 een aantal mede-oudsten. Zo kreeg de doperse beweging langzamerhand steeds meer structuur als organisatie, met Menno en Dirck als middelpunt. Toch nam door deze noodzakelijke verbreding van de beweging later ook de onenigheid toe onder sommige oudsten.

De rol van de oudsten binnen de doopsgezinde beweging was echter wezenlijk anders dan die van pastoors en dominees. Oudsten werden door – en gewoonlijk ook uit – de eigen gemeente gekozen. De term 'oudste' heeft ook in sterke mate de bijklank van 'wijze', degene die door zijn gelijken beschouwd wordt als degene die de gemeenschap het beste kan leiden. Van de oudsten werd verwacht dat ze een vlekkeloos leven leidden en getrouwd waren. Vaak waren ze door de gemeente gekozen vanwege hun kwaliteiten als leraar, dat wil zeggen als lekenprediker in de gemeente. In de fase van opbouw van de beweging in de jaren na Munster traden ze niet alleen op als leiders van de eigen gemeente, maar ook als rondreizende predikers en vertroosters. Ze vormden de verbinding met gelovigen elders, en bezaten kennis en kunde die in de vroege gemeenten zelf vaak nog ontbrak. Natuurlijk beschikten die soms over verboden doperse geschriftjes, maar die konden de aanwezigheid van de oudste als leraar en vertrooster niet vervangen.

De opvatting van de gemeente als de gemeenschap van mensen die willen leven in de Geest Gods maakte dat toetreden alleen mogelijk was als gelovigen aan hoge eisen voldeden: een rein en zuiver leven volgens de Schrift. Dat betekende in de ogen van de dopers het afwijzen van de wereld, de wereldse goederen en wereldse geneugten, en bovendien de afwijzing van andere geloofsrichtingen, hetzij protestant, hetzij katholiek. Twee andere elementen kwamen hier bij. Ten eerste de weigering om de eed af te leggen in juridische procedures en bij aanneming van functies, omdat het zweren van de eed een oneigenlijk gebruik van Gods naam betekende. Het tweede was de weigering om in overheidsdienst te treden – 'het zwaard te dragen'. Immers, de overheid had het geweldsmonopolie en het hebben van een overheidsfunctie impliceerde dat men in overdrachtelijke zin 'het zwaard droeg'. Dit was in tegenspraak met de zachtmoedigheid van Christus en Zijn afwijzing van geweld. De gemeenschap als geheel moest ook aan deze strenge eisen voldoen. Zij moest 'zonder vlek of rimpel' zijn en kon dit alleen maar zijn als iedereen die tot de gemeente behoorde, leefde volgens de regels die uit deze opvattingen voortkwamen. Deze visie op individu en gemeente had natuurlijk consequenties voor het dagelijks leven: de zonde van het individu was tegelijkertijd de zonde van de gemeente, en als de gemeente een zondaar onder zich had, straalde dit af op alle leden. De afzondering van 'de wereld' en de afwijzing van het wereldse werden in deze tijd, het midden van de zestiende eeuw versterkt doordat het geloofsleven zich grotendeels in het geheim moest afspelen vanwege de vervolgingen die nog steeds plaatsvonden.

Problemen: Adam Pastor

Ondanks de nadruk op de gemeente en het leven in de gemeenschap was er in de vroege jaren ook het nodige waarover men het niet eens kon zijn. De doperse ideeën waren bepaald nog niet uitgekristalliseerd. Hoewel de kern van de doperse geloofsopvatting, de volwassenendoop en viering van het avondmaal, door allen gedeeld werd, was er nog veel onduidelijk of onuitgesproken, zoals blijkt uit het hieronder beschreven conflict met Adam Pastor. Bovendien was er sprake van een gemeenschap van gelovigen met een meer horizontale structuur, niet van een hiërarchisch georganiseerde groep, of een groep met een vast gremium zoals een synode waar conflicten uitgesproken of afgehandeld konden worden. Menno Simons en Dirck Philips vormden wel het middelpunt van de beweging, maar echte machthebbende leiders werden ze niet.

De dopers waren een sekte en bleven een sekte, zoals gedefinieerd door de Duitse godsdienstwetenschapper en socioloog Ernst Troeltsch (1865-1923): een groep gelovigen die geen kerkstructuur kent en waarbinnen geen hiërarchische verhoudingen bestaan. Menno en Dirck, de oorspronkelijke oudsten, waren tijdens hun leven in deze vroege periode dan ook nooit meer dan de eersten onder hun gelijken. Het begrip 'doopsgezinde leider' is daarmee eigenlijk een *contradictio in terminis*. Door de afwezigheid van een heldere gezagsstructuur ontstonden er eenvoudig en snel meningsverschillen in de beweging die moeilijk op te lossen waren.

De eerste waarmee het tot een conflict kwam was de door Menno aangestelde mede-oudste Adam Pastor, die over twee kwesties anders dacht. Ten eerste zou Pastor de weigering op het afleggen van de eed, het zweren bij Gods naam, niet al te strak hebben willen interpreteren. Een veel groter probleem was echter dat hij een andere opvatting over de menswording van Christus had dan Menno. In de opvatting van Pastor was

42 **Portret van Adam Pastor.**

de goddelijke natuur van Jezus Christus niet meer dan Gods woord en Gods wijsheid in Christus. Menno was daarentegen van mening dat Christus' goddelijke natuur veel verder ging, en dat hij wel degelijk de vleesgeworden God was. Een poging om tot elkaar te komen faalde: in 1546, in Lübeck, kwamen Pastor, Menno Simons, Dirck Philips en Gilles van Aken samen om hun geschillen uit te praten. Echter, het verschil bleek zo principieel van aard te zijn dat een oplossing onmogelijk was. Uiteindelijk werd Pastor in 1547 door de groep rond Menno en Dirck gebannen, dat wil zeggen, uit de beweging gezet. Latere pogingen tot verzoening leverden niets op. Na zijn banning had Pastor nog wel enige invloed. Hij verschilde namelijk niet alleen met Menno van mening over de natuur van Christus, maar ook over de toepassing van 'de ban'.

Problemen: De ban

Met 'de ban' en de daaruit voortvloeiende 'mijding' van de gebannene is een van de grootste dilemma's in de doperse beweging genoemd. De achtergrond van dit gebruik, of deze straf, had direct te maken met de opvattingen van de doopsgezinden dat de gemeente, de gemeenschap van gelovigen, de schare Gods was. Dit betekende dat de leden in alles Gods woord moesten volgen. Wie daarvan afweek had geen plaats meer binnen de gemeente en werd als afvallige bestempeld. Dit kon, zoals in het geval van Adam Pastor, gaan om leerstellige verschillen, maar ook om algehele levenswandel, incidenteel gedrag, kleding; in alles wat een individu deed kon hem of haar door de gemeente de maat genomen worden. De groep, vaak ondersteund door een oudste, kon daarom een vonnis over de zondaar vellen. Het zwaarste vonnis was de ban; het uitstoten van een afvallige uit de gemeente.

De vraag was vervolgens hoe men na het uitspreken van de ban met de gebannene om moest gaan. Moest de veroordeling onherroepelijk zijn en ieder contact met de afvallige verbroken worden, een volledige mijding? Of moest juist geprobeerd worden de afvallige met zachte hand te overtuigen, zodat deze

– na berouw getoond te hebben – zich met zijn gemeenteleden kon verzoenen en weer aan het leven binnen de gemeenschap kon deelnemen? De kwestie kon nog zo uitgebreid in abstracte zin besproken worden, maar het werd anders wanneer het om mensen van vlees en bloed ging. De gemeenten waren nog klein, vaak verstrooid en soms gevestigd in geïsoleerde dorpen en gehuchten. Men kende de gebannene, natuurlijk als geloofsgenoot, maar ook als bekende, als vriend of zelfs als familielid. De praktijk, de feitelijke toepassing van de ban en de gevolgen ervan, veroorzaakte dan ook de nodige meningsverschillen.

Zo was het de vraag of de gelovige, het afvallige gemeentelid, eerst gewaarschuwd moest worden, zodat hij of zij zijn of haar leven kon beteren voordat er een bestraffing volgde. Of moest de ban zonder enig teken vooraf uitgesproken worden? Daarnaast deed zich een fundamenteler probleem voor; met de ban was de reinheid en zuiverheid van de gemeente als geheel centraal komen te staan, en niet meer de relatie van de individuele gelovige met zijn of haar God, terwijl dat nu juist de grondslag was voor de volwassenendoop.

De kwestie rond de ban escaleerde in Friesland in de jaren 1555-1557. De strenge richting binnen de doopsgezinde beweging wilde dat het bannen ook voor echtelieden gold: wanneer een van de twee partners in een huwelijk gebannen was, zou de andere partner geen contact meer met de gebannene mogen hebben, de zogenaamde echtmijding. Deze interpretatie van de ban ging veel gelovigen te ver, omdat hiermee ook het principe van de christelijke naastenliefde in het gedrang kwam. Bovendien hadden veel paren het bevel tot echtmijding genegeerd.

De kwestie was van een zodanig groot belang dat Menno Simons in 1557 zelf de gevaarlijke reis naar Friesland ondernam om in Harlingen een bijeenkomst bij te wonen waar men zou trachten weer tot elkaar te komen. Dat de bijeenkomst juist in Friesland plaatsvond was niet zonder reden. In Holland was, mede onder invloed van de gematigde Adam Pastor, de groep die de strenge ban wilde veel minder groot, zodat het daar nooit tot een dergelijke scherpe tegenstelling kwam tussen de twee stromingen. In Friesland waren meer voorstanders voor de strenge toepassing van de ban, vooral door toedoen van Dirck Philips en de eveneens door Menno aangestelde mede-oudste Lenaert Bouwens, die zeer actief was en velen in Friesland doopte.

Bouwens was in Friesland van grote betekenis. In een periode van 32 jaar doopte hij meer dan tienduizend personen, zoals blijkt uit de dooplijsten die Bouwens bijhield, waarvan meer dan twee derde in Friesland. Twee perioden waren van groot belang: 1563-1565 met 2.364 dopen en 1568-1582 met 3.242 dopen. In totaal ging het om ongeveer 11 procent van de volwassen Friese bevolking. Het is weliswaar niet zeker dat al deze gedoopten ook als volgelingen van Bouwens kunnen worden gezien als het gaat om zijn strenge ideeën over de ban, maar dat hij de Friese dopers in deze richting beïnvloed heeft is zeer waarschijnlijk.

Menno Simons – 60 jaar oud toen hij terugkeerde naar Friesland – had aanvankelijk een meer soepele houding ten opzichte van de ban, en waarschijnlijk verkeerde hij aan het begin van zijn reis in de veronderstelling dat hij de twee stromingen nader tot elkaar zou kunnen brengen. Het mocht echter niet zo zijn. In Harlingen was het vooral Lenaert Bouwens die met steun van Dirck Philips Menno onder zware druk zette om te kiezen voor de strenge ban. Bovendien kwam Menno zelf onder verdenking van wijfelachtigheid te staan in deze strijd, en werd er door de strengen gedreigd de ban over hem uit te spreken omdat hij hen niet direct onvoorwaardelijk steunde. Het was mede door deze dreiging dat Menno uiteindelijk de kant van de strenge banners koos.

De strenge groep was, zo vonden hun tegenstanders, mijlenver afgedwaald van de boodschap van het evangelie, de boodschap van naastenliefde en vergiffenis. In plaats daarvan nam men elkaar voortdurende de maat en kon elk klein verschil van mening tot wederzijdse verkettering leiden. Hoewel de strengen en de gematigden de ban niet letterlijk over elkaar uitspraken, betekende deze strijd *de facto* wel dat de beweging rond Menno al tijdens zijn leven in twee groepen uiteen was gevallen. Het bleek een voorbode van vele toekomstige scheuringen, het begin van een lange periode van verdeeldheid die tot het begin van de negentiende eeuw zou duren. Het moge duidelijk zijn dat Menno aan het einde van zijn leven niet meer de onbetwiste voorman van de beweging was. Toch is hij door zijn eerdere werken en door zijn ideeën voor latere generaties het boegbeeld van de strengere groepen binnen de doopsgezinden beweging geworden, en uiteindelijk voor de gehele beweging.

Vervolging voortgezet

Afgezien van de interne strubbelingen binnen de doopsgezinde beweging als geheel, hadden de kleine gemeenten in Friesland ook nog steeds te maken met tegenstanders van buiten de beweging. Het was voor de doopsgezinden niet eenvoudig hun geloof te beleven en belijden, vooral als het ten koste kon gaan van hun leven. De strenge plakkaten tegen ketterij in het algemeen en tegen de dopers in het bijzonder waren bepaald geen dode letter. In de tumultueuze periode rond de Munsterse troebelen lieten in Friesland meer dan vijftig mensen het leven door de strenge vervolging en straffen, nog los van de slachtoffers die bij Oldeklooster vielen. Daarna werd het wat rustiger, toen de doperse beweging slechts beperkt van omvang was en zich herpakte na Munster. De benoeming in 1548 van de Hollander Hippolytus Persijn tot voorzitter van het Hof van Friesland, vormde de opmaat voor een hernieuwde ketterverwolging.

In 1549 vielen zeven doodvonnissen, tegen af en toe een in de jaren daarvoor, zonder dat dit echter direct effect had op de ontwikkeling op de doperse beweging. Persijn zat met de handen in het haar. De dopersen, zo ondervond hij, waren zo snel in getal toegenomen dat hij een meer systematische vervolging nodig achtte, maar het duurde tot 1553 voordat er uiteindelijk besluiten in die richting genomen werden. Over precieze aantallen doopsgezinden in Friesland valt echter heel weinig te zeggen. Veel meer dan de eerder genoemde dooplijsten van Lenaert Bouwens hebben we niet.

Bij de Friese leden van het Hof was de wil tot vervolging minder groot dan bij hun voorzitter. Regelmatig zorgen ze er voor dat 'misleide' dopers de dans ontsprongen. Waar mogelijk traineerden ze de vervolging. Er ging opnieuw een jaar voorbij tot twee geleerde mannen uit Brussel, de inquisiteurs Letmatius en Sonnium, in het voorjaar van 1554 het Hof gingen assisteren bij de uitvoering van de ketterverwolging. In eerste instantie probeerden ze dopers door overreding, met gratie in het vooruitzicht, tot herroeping te bewegen. De oproep had vrijwel geen resultaat. Hoewel de inquisiteurs meer dan honderd namen op hun lijst hadden die na afloop van de gratietermijn moesten worden gearresteerd, kregen ze er maar elf te pakken. De anderen waren onvindbaar. Samen met drie eerdere arrestanten stonden de elf terecht. Een krankzinnige broer en zuster werden levenslang in een klooster ingemetseld. Ze wilden niet herroepen, maar gezien hun geestesgesteldheid viel het besluit om de doodstraf niet toe te passen. Anderen kwamen er het boetedoening af omdat ze hun dwalingen herriepen. Uiteindelijk bleven er vier hardnekkingen over. Een stierf in de gevangenis, de andere drie werden tot de brandstapel veroordeeld en vonden de vuurdood.

Nadat de inquisiteurs aan het einde van 1554 Friesland verlieten – ze hadden uiteindelijk weinig bereikt – stond Persijn er weer alleen voor. Incidenteel werd een ketter ter dood veroordeeld, maar er was geen enkele bereidheid om een georganiseerde vervolging tot stand te brengen. De lokale autoriteiten noch het Hof van Friesland zagen veel gevaar in de dopers. Voor hen was het duidelijk dat het nu om een heel ander slag ging dan rond 1535. Na het vertrek van Persijn in het voorjaar van 1557 – hij nam waarschijnlijk ontslag vanwege de tegenwerking waar hij voortdurend mee te maken had – was het met de actieve vervolging van protestanten en doopsgezinden vrijwel gedaan. Drie naar Friesland gevluchte Antwerpse dopers, waren in 1559 voorlopig de laatste slachtoffers. In Leeuwarden vonden ze de dood. Het Hof had geprobeerd een doodvonnis te voorkomen, maar de koning besliste anders. Als martelaren vonden de drie hun plaats in het doperse gedachtengoed. Onder hen was de later bekend geworden Jacques d'Auchy. Van d'Auchy is een verslag van zijn verhoor achtergebleven. In *Het*

Offer des Heeren, een werk uit 1562 waarin de doopsgezinde martelaren als het ware geheiligd werden, is dit verslag opgenomen. D'Auchy veroordeelde de kinderdoop en stelde het Nieuwe Testament boven het oude.

Hoe ellendig het lot van de martelaren ook was, de effectiviteit van de vervolging werd sterk ondermijnd doordat in de aangrenzende gewesten nog steeds veel coulanter met andersdenkenden werd omgegaan. Dit was ook het geval in de jaren dat de vervolging onder Persijn op haar hoogtepunt was. Bovendien was er ook in Friesland op lokaal niveau weinig animo om hard op te treden. Lokale gezaghebbers hadden er gewoonlijk weinig belang bij om onrust in hun steden en grietenijen te hebben. Hoewel er dus enige bescherming was, in de zin dat men de dopers zo veel mogelijk met rust wilden laten, kon er pas na het vertrek van Persijn sprake zijn van een enigszins normaal geloofs- en gemeenteleven voor doopsgezinden. Voor zover bekend vielen er tussen 1559 en 1571 in Friesland geen doodvonnissen. De komst van Alva – waarover hieronder meer – heeft in Friesland op de vervolging van doopsgezinden geen effect gehad.

De situatie aan het einde van Menno's leven, in de jaren voordat hij in 1561 in ballingschap stierf, was voor de dopers in Friesland echter niet florissant. De doperse geloofsbeweging bevond zich in het halfduister, zowel door tegenstrijdige opvattingen en ideeën als door de angst dat de vervolging toch weer een nieuw momentum zou kunnen krijgen. Achteraf gezien was het echter minder donker dan het toen leek. De vervolgingen waren feitelijk over het hoogtepunt – of dieptepunt – heen, en het doperse geloof was diep geworteld. De beweging, zo kunnen we concluderen, was tegen de verdrukking in gegroeid. De innerlijke tegenstellingen en de vervolgingen hadden de groei niet beperkt. Daarbij was de (relatieve) vrijheid van godsdienst minder ver weg dan men kon vermoedden.

Gedenkpenning Hippolytus Persijn.

De aanloop naar de Opstand

Ondanks de strenge vervolgingen, was het zelfvertrouwen van de protestanten in de Nederlanden als geheel langzamerhand toegenomen. Een belangrijke reden hiervoor was dat het nieuwe geloof ook tot een groot deel van de maatschappelijke bovenlaag was doorgedrongen. Dit gold zowel voor de zuidelijke Nederlanden rondom wereldstad Antwerpen, als ook voor de noordelijke Nederlanden. Sommige burgers waren doopsgezind geworden, anderen calvinist. Maar ook een deel van de katholieke bovenlaag was doordrongen geraakt van het besef dat de vervolgingen hun doel hadden gemist en tot veel persoonlijk leed hadden geleid, maar dat de opkomst van het protestantisme niet tegen was gehouden. Ook in dit geval gold dat het bloed der martelaren het zaad van de kerk is.

49   Het aanbieden van het Smeekschrift door het verbond der edelen aan de landvoogdes, de hertogin van Parma, in het paleis te Brussel 5 april 1566.

Ongeveer tweehonderd lagere edelen uit de gehele Nederlanden bood in april 1566 een petitie aan aan landvoogdes Margaretha van Parma. Ze vroegen om een verzachting van de strenge plakkaten tegen de ketters. De landvoogdes kon hierover echter geen zelfstandige besluiten nemen, ze moest immers verantwoording af leggen aan de Spaanse koning Philips II. Wel beloofde ze, hangende een beslissing van de koning, om de activiteiten van de Inquisitie op een laag pitje te zetten, totdat de koning een beslissing had genomen. Er leek hierdoor in ieder geval verandering in de lucht te hangen.

Als gevolg van de gematigde ketterververvolging durfden de protestanten zich meer te laten gelden, en ontstond er in de nazomer van 1566 een uitbarsting van anti-Rooms geweld: de Beeldenstorm. De vloedgolf kwam vanuit het zuiden, waar militante calvinisten de tekenen en afbeeldingen van 'afgoderij' – en dat was in hun optiek vrijwel alles – in de katholieke kerken kort en klein sloegen. In de noordelijke Nederlanden ging het er minder hard aan toe, en toen de storm Friesland had bereikt was de felheid voor een groot deel afgezwakt. Toch was de Beeldenstorm in meerdere opzichten een keerpunt, in zowel de zuidelijke Nederlanden als in de noordelijke gewesten.

Voor het eerst bleek concreet hoe diep de afkeer van de heersende kerk was. Tegelijkertijd was de Beeldenstorm een teken van het zelfvertrouwen, of liever het godsvertrouwen, dat er bij de calvinistische voorhoede bestond. In eerste instantie was het resultaat van deze vernielingsdrift dat de calvinisten van de lokale autoriteiten de ruimte kregen om hun diensten te houden. Deze consequentie van de Beeldenstorm bleek voor de koning volledig onaanvaardbaar. Het zou neerkomen op vrijheid voor de calvinisten om in alle openheid hun boodschap te kunnen prediken. De combinatie van de vraag van de lagere adel om verzachting van plakkaten en de Beeldenstorm en zijn nawerking deed Philips II ingrijpen. Bovendien was het eigen-

Portret van Margaretha van Parma.

gereide gedrag van de Nederlanden, Noord en Zuid, hem al langer een doorn in het oog. Hij stuurde de hertog van Alva naar de Nederlanden om de in zijn ogen veel te zachte Margaretha op te volgen, maar in plaats van de controle terug te krijgen gooide hij hiermee olie op het vuur.

De komst van Fernando Alvarez de Toledo, hertog van Alva, in 1567 was het begin van een strenge en meedogenloze vervolging van echte en vermeende tegenstanders van de koning, en niet alleen de ketters. In plaats van een oplossing bleek Alva echter het begin te zijn van veel grotere problemen in de Nederlanden voor Philips II. De verscherping van de ketterjacht leidde er toe dat velen het land verlieten en kozen voor een vrijwillige ballingschap. Het ging hierbij niet alleen om de calvinistische voorhoede, maar ook om edelen die uit vrees voor hun leven vertrokken uit de Nederlanden. Verder vielen de pogingen van Alva om een eenduidig belastingstelsel in te voeren ook niet in goede aarde. De belastinghervorming op zich was geen slecht idee, maar het druiste volledig in tegen de diepgewortelde privileges van de stedelijke burgerijen. Hierdoor moest Alva al snel een strijd voeren op meerdere fronten.

Onzekere jaren van oorlog

Alva's beleid had tot gevolg dat opstandige edelen en hun legers van huursoldaten verschillende invallen deden om hun land weer te heroveren op de Spanjaarden. De meeste pogingen faalden echter jammerlijk. Een uitzondering vormde de inval van Lodewijk en Adolf van Nassau, twee broers van Willem van Oranje, vanuit Duitsland in het gewest Groningen in 1568. Bij Heiligerlee boekten de opstandelingen hun eerste overwinning, een overwinning die de boeken is ingegaan als het begin van Tachtigjarige Oorlog. De opstandelingen waren echter niet in staat een vervolg te geven aan dit succes. Spoedig na de winst

Portret van de hertog van Alva.

bij Heiligerlee volgde een nederlaag in Noord-Duitsland waar het leger van Alva de rebellen bij Jemmingen versloeg. Heiligerlee was, achteraf bezien, niet meer dan een incident, maar wel een symbolisch incident. Hoewel Alva op militair gebied relatief succesvol was, slaagde hij er niet in de rust in de Nederlanden te herstellen. Dit had niet alleen te maken met verzet tegen de wijze waarop hij met de ketters af wilde rekenen, maar ook met de weinig populaire poging om de overheidsfinanciën te reorganiseren.

52 Gevangenneming van Caspar de Robles in Groningen door zijn eigen Spaanse soldaten uit ontevredenheid over achterstallig soldij, december 1576.

De door Alva ingevoerde belastingmaatregelen, die een grove inbreuk vormden op eeuwenoude gewoonten, leidden er toe dat veel koop- en ambachtslieden zich langzamerhand in de richting van de opstandelingen gingen bewegen. Het was niet zo dat ze zich *en masse* bij de opstand aansloten, maar de politiek van Alva zorgde er wel voor dat ze zich van het centrale gezag in Brussel afkeerden. Daarnaast nam ook de spanning in de steden toe, die zich door Alva in hun autonomie bedreigd zagen. Deze omstandigheden, samen met de processen tegen verscheidene protestantse edelen en ketters, vormde het mengsel waaruit de Nederlandse Opstand ontstond.

De gevolgen hiervan voor de Friese doopsgezinden waren zeer beperkt. De opstand speelde zich in eerste instantie vooral in het Zuiden en in West-Nederland af, waardoor er in de jaren 1560 wel vluchtelingen voor de ketterjagers in Friesland arriveerden. De invallen van de geuzen in Friesland in 1572 vonden steun bij de burgerij van Franeker, maar stadhouder Caspar de Robles wist de opstand de kop in te drukken en de geuzen uit de provincie te verdrijven. Het is de vraag of de doopsgezinden dit erg gevonden hebben. De Robles was een kundig bestuurder en de vervolging stond in Friesland op een laag pitje. In de praktijk had Friesland daardoor amper te lijden onder het regime van landvoogd Alva. Wat de geuzen gebracht zouden hebben was dan ook nog eens de vraag.

De schaal slaat door

Langzamerhand versterkten de protestanten hun positie in de Nederlanden, zo ook in Friesland. In 1577 bestond de meerderheid van het Friese college van Gedeputeerde Staten uit protestanten. Zou het Noorden door de oorlogvoerende partijen met rust zijn gelaten, dan had zich misschien een vorm van samenleven tussen de verschillende godsdienstige richtingen kunnen ontwikkelen, waarbij ieders positie gerespecteerd werd. Helaas mocht dit niet zo zijn. De Spaanse dreiging om het katholicisme als enige godsdienst met geweld te herstellen had een averechts effect en de Reformatie won aan kracht. Toen Friesland zich

1579 aansloot bij de Unie van Utrecht, het protestantse verbond van de opstandige provincies, leek het alsof de aanhangers van de Reformatie het pleit in hun voordeel hadden beslecht, maar er kwam een kink in de kabel omdat de Friese stadhouder van kamp veranderde.

Graaf van Rennenberg – die als opvolger van Caspar de Robles in 1576 werd benoemd tot stadhouder van Friesland, Groningen, Drenthe en Overijssel – behoorde eerst tot de bondgenoten van Willem van Oranje, maar kwam in gewetensnood. Toen Rennenberg begin van 1580 definitief voor het katholicisme koos, dreigde Friesland weer in de invloedssfeer van de koning te komen. Waar Rennenberg de stad Groningen en de Ommelanden wel voor Philips II en de katholieken wist te winnen, lukte hem dat in Friesland echter niet. Na een onzekere situatie in de eerste maanden van 1580 kwam het tot een definitieve machtsovername door de protestantse opstandelingen. Nadat enige kloosters en kerken geplunderd waren, vaardigde het provinciebestuur op 31 maart een decreet uit dat een einde maakte aan het katholiek kerkelijk leven. Vanaf dat moment was het calvinisme in Friesland de heersende godsdienst die door de Staten formeel werd ondersteund. Ten dele waren nu de rollen omgedraaid. Waar mogelijk werden katholieken gestoord in de beleving en uitoefening van hun geloof. Van executies was echter geen sprake.

Voor de doopsgezinden in Friesland veranderde hiermee in eerste instantie weinig. Het zag er enige tijd zelfs naar uit dat ze in een slechtere positie terecht zouden komen. Hoewel er in de jaren 1570 formeel geen enkele godsdienstvrijheid was, konden ze redelijk ongestoord leven. Ook door hun afwijzende houding ten opzichte van geweld konden ze zich afzijdig houden van het conflict tussen de Spaanse koning en de opstandelingen. Toen in 1580 niet alleen het katholicisme in de ban gedaan werd, maar in hetzelfde jaar ook de doopsgezinde godsdienstige bijeenkomsten door het calvinistische bestuur van het gewest verboden werden, zal menigeen gevreesd hebben voor een nieuwe periode van vervolging.

Gelukkig bleek de praktijk anders uit te pakken. De calvinistische heethoofden waren wel geschikt geweest om een machtsovername te bewerkstelligen, maar de werkelijke macht kwam al snel bij meer gematigde protestanten terecht. De fanatieke calvinisten vonden een overheid tegenover zich die wel in woord, maar zelden in daad de doopsgezinden en andere dissidente protestanten wilde vervolgen. Bovendien bleek dat de lokale bevolking gewoonlijk geen behoefte had aan een verscherping van godsdienstige tegenstellingen. Wel was er natuurlijk een essentieel onderscheid tussen katholieken en dopers. De laatsten werden door de mildere calvinisten gezien als bondgenoten, als verdoolden weliswaar, maar toch ook als kinderen van de Hervorming. De katholieken daarentegen waren en bleven de bondgenoten van de koning, en dus heulers met de vijand.

Met de troepen van de koning in nog steeds in Groningen en in Steenwijk was het nog maar de vraag hoe lang de opstand in Friesland volgehouden kon worden. Er was nu sprake van een situatie waarin geen van de twee partijen in staat was een definitieve overwinning te bewerkstelligen. De regering in Leeuwarden ontbrak het aan de middelen om het Friese platteland voldoende te beschermen tegen de Spaanse troepen. En de bevelhebbers van de koning ontbrak het aan geld om de strijd echt te beslechten en een permanente bezettingsmacht in Friesland neer te zetten.

Hoewel Friesland niet te maken kreeg met het allerergste krijgsgeweld, had het platteland in de jaren 1580 wel met een zekere regelmaat te maken met plunderende bendes, vooral als de 'contributie' – de verplichte afdracht van de Friese grietenijen aan de Spaanse troepen – niet of te laat werden betaald. In januari 1586 kwam het tot een grote inval in Friesland vanuit het Overijsselse Steenwijk, dat in Spaanse handen was, onder bevel van Johan Baptiste van Taxis, die met een paar duizend voetknechten en de nodige ruiters tot in de buurt van Franeker een spoor van ellende achterliet. Tot een stabiele stand van zaken kwam het pas in 1594 toen na een succesvolle veldtocht van de door de Friese Staten gekozen stadhouder Willem Lodewijk en diens neef Prins Maurits niet alleen Groningen in

Staatse handen kwam, maar ook Steenwijk en Coevorden. Voor de Friese doopsgezinden begonnen toen twee eeuwen van gedoogd worden. Ze waren hiermee beter af dan de katholieken, die lang als potentiële staatsvijanden werden gezien, maar waren bepaald nog geen volwaardige burgers.

HOOFDSTUK 3

Doopsgezinden in soorten en maten

Het lijkt alsof de Friese doopsgezinden niet veel meekregen van de zo beslissende gebeurtenissen in de nationale en internationale politiek in de tweede helft van de zestiende eeuw die in het vorige hoofdstuk aan de orde kwamen. De indruk is dat ze vooral in hun eigen wereld leefden, in groot godsvertrouwen en met name gericht op de eigen gemeenschap. Ook de houding van de provinciale regering ten opzichte van de doopsgezinden is soms raadselachtig. Zo is het opmerkelijk is dat het al in 1559 voor de dopers mogelijk bleek in Franeker bijeenkomsten te houden over de inhoud van de ban en de daarmee samenhangende vraag over mijding van gebannenen – het lijkt zeer onwaarschijnlijk dat zowel de gewestelijke regering als het Franeker stadsbestuur hier geen weet van hebben gehad. Het is heel goed mogelijk dat de bestuurders begonnen te begrijpen wat voor vlees ze in de kuip hadden: een groep met een weliswaar aanzienlijke aanhang, maar ook een groep die in vrede wilde samenleven met anderen en geen gevaar was voor de bestuurlijke status quo. Het militante karakter van de groep was in Munster achtergebleven en deed zich slechts een enkele keer daarna gelden. Bovendien was er een voor de overheden veel gevaarlijker stroming actief, namelijk het calvinisme. De calvinisten wilden een kerkstaat stichten, een theocratie.

Dit neemt niet weg dat zolang de Spanjaarden het voor het zeggen hadden in de Nederlanden, de situatie precair bleef. Nadat in 1559 de Vlaming Jacques d'Auchy met twee anderen in Friesland gedood was, leek de rust te zijn wedergekeerd. Twaalf jaar lang werd niemand ter dood veroordeeld. In 1571 viel echter opnieuw een doper ten prooi aan de vervolgers, Douwe Ewoutsz uit Leeuwarden die door verdrinking om het leven werd gebracht, om geen andere reden dan dat hij zijn geloof niet wilde herroepen. De laatste twee slachtoffers van de kettervervolging, Reitse Aysesz uit Beetsterzwaag en Hendrik Pruyt, een schipper uit Harderwijk, werden in 1574 ter dood gebracht. Een duidelijke oorzaak voor deze korte opleving van ketterveroordelingen is niet te geven. We zullen verderop zien dat dopers in deze tijd een redelijke mate van vrijheid hadden, waar sommige gebeurtenissen haaks op staan.

Terwijl de nu slechts incidentele vervolgingen doorgingen, werd het doperse gedachtegoed wel steeds verder verspreid. Tegelijkertijd raakte de doopsgezinde beweging ook steeds verder verdeeld door verschillende conflicten. Die spreiding en de conflicten komen in dit hoofdstuk aan de orde.

De verspreiding van dopers en hun gedachtegoed

Menno Simons vond, zoals gezegd, veel steun bij zijn medeoudsten: mannen die zijn ideeën verspreidden en mede vorm gaven, ideeën over de volwassenendoop, de gemeente als de opvolger van de gemeente van Christus en de strenge ban. Het waren tegelijkertijd koppige mannen met een sterke overtuiging van hun eigen gelijk. Een van hen was de al eerder genoemde Leenaert Bouwens, die jaar na jaar door Friesland en Holland trok om te preken en te dopen. Hij is erg belangrijk geweest voor de verspreiding van het doopsgezinde gedachtegoed in Friesland en de grote toename van aanhangers van de beweging. Zijn activiteiten zijn in het vorige hoofdstuk al kort genoemd. Volgens de lijst die Bouwens zelf bijhield zou hij vanaf 1551 tot aan zijn dood in 1582 in Friesland ongeveer 6.500 volwassenen gedoopt hebben, op een totaal van 10.000 dopen in zijn hele Fries-Hollandse werkgebied. Uitgaande van de dopen van Bouwens hebben er in Friesland alleen omstreeks 1580 zo'n kleine veertig gemeenten bestaan, groot en klein door elkaar, over vrijwel de gehele provincie verspreid. Volledig is dit beeld echter niet.

In de dooplijsten die Bouwens bijhield ontbreken de twee oostelijke grietenijen Smallingerland en Opsterland: Drachten en Ureterp, waar later omvangrijke gemeenten ontstonden, worden niet genoemd. Wat Drachten betreft is dat niet zo vreemd, het bestond in deze tijd nog amper, maar Ureterp zouden we misschien wel in de lijst mogen verwachten omdat het een ouder dorp was waar zich bovendien later een grote gemeente vormde. Waarschijnlijk hoorde deze regio niet tot Bouwens' werkgebied.

In de Stellingwerven, in het zuiden van de provincie, was Bouwens ook minder actief, alleen Oldelamer in Weststellingwerf wordt genoemd. Ooststellingwerf ontbreekt volledig. Terwijl de dopers in het zuiden dus vrijwel ontbreken (ook later zijn ze er amper te vinden) was er in de kwartieren Oostergo en Westergo in het midden, westen en noorden van Friesland in bijna iedere plaats van enig belang wel een spoor van Bouwens' activiteit.

Verder is het opmerkelijk dat ook Hindeloopen en Makkum, twee plaatsen die zo goed als zeker een doperse gemeenschap hadden, vrijwel volledig ontbreken in de dooplijsten. Dit kan er op wijzen dat Bouwens niet de enige actieve oudste is geweest die in dit gebied rondtrok, maar verdere informatie hierover ontbreekt. Bovendien waren er al in deze tijd gemeenschappen die een andere richting aanhingen dan de strenge leer van Bouwens.

Als we de dooplijsten van Lenaert Bouwens als uitgangspunt nemen, dan komen zijn dopen alleen al op een percentage van ongeveer elf procent van alle volwassen Friezen uit. Aangezien er meerdere oudsten actief waren zal het werkelijke aandeel hoger hebben gelegen. Op het hoogtepunt van de doopsgezinde beweging, zo rond 1600, was mogelijk ongeveer een kwart van de Friezen doopsgezind, als we alle stromingen samen nemen.

Gezicht op Hindeloopen. Schippers uit Hindeloopen speelden een belangrijke rol in het vervoer over water.

Een halve eeuw later komen de gemaakte schattingen beduidend lager uit: slechts zo'n twaalf procent. In sommige plaatsen en gebieden in het noorden en het westen van de provincie waren er aan het einde van de zestiende eeuw veel meer doopsgezinden dan de geschatte 25 procent van de totale bevolking. Hindeloopen, om het meest extreme voorbeeld te nemen, was toen grotendeels doopsgezind. Mogelijk was in de tweede helft van de zestiende eeuw ook in andere plaatsen aan de Zuiderzee, zoals Stavoren, Workum, Makkum en Harlingen veel meer dan een kwart van de bevolking doopsgezind. Het bevolkingsaandeel dat de groep later uitmaakte wijst zeker in die richting. Gezien het gebrek aan bronnen – tellingen ontbreken en administraties van doopsgezinde gemeenten eveneens – blijft het voor deze tijd echter onzeker hoe de verhoudingen precies hebben gelegen.

Hindeloopen in de zeventiende eeuw.

De aantrekkingskracht van de doopsgezinde beweging

Wie waren nu de Friezen die zich tot het nieuwe geloof aangetrokken voelden? En waarin lag de aantrekkingskracht? Om met het eerste te beginnen moeten we vaststellen dat we niet precies weten in welke lagen van de bevolking de doopsgezinden zich het meest bevonden. Rechtstreekse gegevens waaruit we de herkomst van de doopsgezinde aanhang kunnen reconstrueren ontbreken volledig: nergens zijn systematisch de sociaal-economische karakteristieken van de dopers opgetekend. Indirect is uit gegevens voor West-Nederland op te maken dat de aanhang uit alle lagen van de bevolking afkomstig was. Wanneer we de wijde verspreiding over Friesland in aanmerking nemen, dan kan het hier bijna niet veel anders geweest zijn; schippers en vissers in de steden en dorpen aan de Zuiderzee, boeren en arbeiders op het platteland, en kooplieden en ambachtslieden in de steden. Zeker is ook dat er bestuurders waren die doperse sympathieën hadden, maar deze groep verdween langzamerhand toen het calvinisme aan het begin van de zeventiende eeuw de overhand kreeg. Bovendien lag daar een probleem: bestuurders moesten in het uiterste geval bereid zijn gebruik te maken van het geweldsmonopolie dat de overheid bezat. En dat stond op gespannen voet met de doperse doctrine van de geweldloosheid.

De aantrekkingskracht van de doopgezinde beweging was veelvormig. Natuurlijk was de godsdienstige leer het belangrijkste – wat in deze tijd zonder meer ook voor de andere hervormingsbewegingen geldt. We kunnen niet onderschatten wat voor betekenis de beweging van Munster had. De belofte van de spoedige wederkomst van Christus en de hoop op Gods Koninkrijk op Aarde gaven veel mensen houvast en energie in een tijd van grote onzekerheid. Daarbij was de afkeer van het katholicisme in het midden van de zestiende eeuw alom aanwezig, en de doopsgezinde beweging sloot naadloos op deze afkeer aan. De 'zichtbare' wonderen van het katholicisme werden afgewezen, en de transsubstantiatieleer – de verandering van brood en wijn in het lichaam en bloed van Christus – afgeschud als bijgeloof. Evenmin kende de doopsgezinde beweging de fatalistische willekeur van de predestinatieleer, die in het calvinisme het zieleheil van de gelovigen reduceerde tot een soort van loterij, waarvan de uitkomst van de trekking pas bij de wederkomst van Christus bekend zou worden.

Hoewel er ook in de doopsgezinde beweging de nodige haarkloverijen zijn geweest over theologische kwesties – bijna meer dan ze kon verdragen – was de kern van het geloof eenvoudig. De nadruk op het feitelijk handelen in de wereld en het leven in de geest van de vroege Christelijke gemeenschappen vormden belangrijke elementen die gelovigen zekerheid gaven over hun zieleheil. Immers, dichter bij de geest van Christus kon men niet komen. Het belang dat aan het leven in de lokale gemeente of gemeenschap werd gehecht, vertaalde zich in een grote mate van autonomie van de lokale gemeente.

Daarnaast was ook de afwijzing van geweld een zeer aantrekkelijk aspect van het doopsgezinde geloof. De oorlogen die Noord- en Oost-Nederland hadden geteisterd in de eerste decennia van de zestiende eeuw hadden diepe sporen achtergelaten bij de bevolking. Zeker in Friesland, waar het geweld – eerst tussen Schieringers en Vetkopers en later in de Saksische periode – bijna endemisch was geweest en het maatschappelijke leven steeds weer ontwrichtte, moet een religie die geweld afzwoer hoop hebben geboden voor een daadwerkelijk betere toekomst. En waar was het leven van boer en koopman meer bij gebaat dan bij rust en vrede? Ook bij de bestuurders was de lust tot oorlog voeren na het verlies van de Friese zelfstandigheid aardig afgezwakt. Los van alle latere conflicten bleven dit de elementen die lang de kern gevormd hebben van het doopsgezinde gedachtegoed.

De keerzijde

Kracht en zwakte lagen niet ver bij elkaar vandaan. Aan de ene kant was de doopsgezinde leer een leer die de verantwoordelijkheid van de volwassen gelovige als ethisch handelend persoon benadrukte, als individu dat zijn eigen keuzes maakt en deze tegenover God moet verantwoorden. Anderzijds was er de druk om zich binnen de gemeente te conformeren aan de regels van die gemeente. Dit betekende dat een gemeenschap ook verantwoording kon eisen indien zij dat nodig vond. Zolang het gedrag en de ideeën van de individuele gelovige pasten binnen het gedachtegoed van de gemeente was er geen probleem. Wanneer dit echter uiteen liep was er een grote kans op conflicten: moest men het eigen geweten volgen of zich conformeren aan wat de groep vond? Hierin lag de zwakte van de doopsgezinde beweging en het zaad van de verdeeldheid. De praktijk van het bannen maakte de oplossing van conflicten er niet gemakkelijker op, zeker niet wanneer twee groepen dat middel tegen elkaar gingen gebruiken.

Het is een punt van discussie of de doopsgezinden ook belijdenissen hebben gekend. Zeker is wel dat we bij de doopsgezinden de nodige geschriften vinden die in principe vergeleken kunnen worden met calvinistische belijdenissen, zoals het 'Concept van Keulen', dat een belangrijke rol speelde als basis voor de vereniging van de Zachte Friezen en de Hoogduitsers in 1591 zoals we verderop in dit hoofdstuk zullen zien. Dergelijke geschriften hebben in de beweging als geheel echter nooit een algemeen geldend gezag gekregen en bleven steeds beperkt tot een van de vele stromingen, waarbij de strengere groepen meer waarde hechtten aan het geschreven woord dan de minder strenge. Nooit is er een uniforme doopsgezinde leer geweest, ondanks de eenvoudige basis. Iedere groep kon vervolgens een eigen invulling aan deze grondbeginselen geven, zonder dat er een orgaan was dat in staat was de geschillen te beslechten, zoals een synode voor de calvinisten. Juist bij die groepen, waar de persoonlijke en individuele beleving van het geloof centraal stond, vormden de belijdenisachtige geschriften die door anderen waren geproduceerd een probleem bij de oplossing

Doopbord doopsgezinden.

van conflicten. Waar het geloof tot op de letter was vastgelegd, was het moeilijk om die letter los te laten. Belijdenissen vormden dan een belemmering om weer tot elkaar te komen. De centrale vraag voor de tegenstanders van belijdenissen was of een menselijk geschrift ooit de diepte van Gods Genade zou kunnen vatten. Of dat het juist de Heilige Geest was die de ware gelovige moest leiden en daarom van veel grotere betekenis was dan menselijke schrijfsels. Samengevat: alle geschrijf leidde eerder tot verdeeldheid tussen de gelovigen, dan dat het helderheid bood.

65   De Biestkensbijbel.

De tegenstellingen

In het vorige hoofdstuk zagen we dat er al tijdens het leven van Menno Simons een aantal onverkwikkelijke conflicten waren over de ban en de mijding van de gebannene. Ze zorgden ervoor dat een deel van de beweging zich afkeerde en een andere richting insloeg. Deze groep 'Waterlanders', genoemd naar het gebied in Noord-Holland waar ze de grootste aanhang had, was de eerste die zich van de strengere Menno-gezinden losmaakte. Zeker in Holland waren de lossere ideeën over de ban binnen de doopsgezinde beweging al vroeg een factor van betekenis. In dit gewest speelden de denkbeelden van de in het vorige hoofdstuk genoemde David Joris ook een veel belangrijker rol dan in Friesland. Zijn minder strenge opvatting van de ban sloot aan bij die van de afvallige Mennonieten, waardoor er een makkelijke aansluiting van zijn aanhangers mogelijk bleek.

Hoewel de Waterlanders zich in Friesland veel minder sterk hebben doen gelden dan de Menno-gezinden, kunnen we ze niet wegvlakken. In Friesland waren er in de zeventiende eeuw in ieder geval tien Waterlandse gemeenten, waaronder in de Zuiderzeesteden Stavoren, Hindeloopen, Workum en Harlingen. De nauwe band van deze steden met Holland speelde hierbij zeker een rol. Opmerkelijk is dat de Waterlanders later ook in het oosten van provincie twee gemeenten hadden, in Kollum en Surhuisterveen. Over de vroege geschiedenis van die gemeenten weten we vrijwel niets – hoe deze gemeenten onder Waterlandse invloed zijn geraakt blijft een raadsel.

De tweede groep die zich tijdens Menno's leven al van de strenge lijn had gedistantieerd was die van de Hoogduitsers. In hun vaderland Duitsland hadden ze al in de jaren 1550 een eigen weg gevonden, met een minder strenge opvatting van de ban dan de Menno-getrouwen. Doordat in sommige delen van Duitsland de vervolging bijzonder fel was, vestigde een aantal van hen zich in de Nederlanden. Hier was de vervolging minder streng geworden terwijl die in Duitsland juist aan kracht won. Sommige van de gevluchte dopers kwamen in Friesland terecht. Hier gingen ze hun eigen weg. Tussen de Waterlanders en de Hoogduitsers, een term die algemeen ingang vond, bestonden in eerste instantie geen al te grote verschillen. Alleen wat betreft de buitentrouw – dat wil zeggen huwelijken met niet-doopsgezinden – waren de Hoogduitsers preciezer. Later kwamen de Hoogduitsers ook op andere gebieden in wat strenger vaarwater. Als stroming kenmerkte ze zich door de ban niet al te streng toe te passen. Hierin bleven ze zich van andere strengere groeperingen onderscheiden. De benaming 'Hoogduitsers' werd al snel een soortnaam, die los kwam te staan van de herkomst van de leden.

67 Portret van David Jorisz., aan een tafel, waarop een exemplaar van het door hem geschreven 'Wonderboeck' ligt.

Na Menno's dood in 1561 ging de strijd rondom de ban en de mijding met onverminderde kracht door en veroorzaakte het ene conflict na het andere. Wonderlijk genoeg heeft dat in deze periode weinig effect gehad op de omvang van de aanhang in de provincie. De gemeenten waren sterk op zichzelf aangewezen, door de gebrekkige mogelijkheden – en wellicht de ontbrekende wil – om zich als beweging goed te organiseren. Hierdoor zullen conflicten elders geen directe invloed gehad hebben, hoewel er uiteindelijk wel keuzes voor een bepaalde richting gemaakt moesten worden. Aan de andere kant trokken die zelfstandige gemeenten en kleinere groeperingen juist nieuwe gelovigen aan met hun geloofsijver en de belofte van een betere wereld. De aantrekkingskracht van deze zaken lijkt sterker te zijn geweest dan de afstotende werking van de beschamende wijze waarop sommige tegenstellingen op de spits werden gedreven.

Friezen en Vlamingen

Nadat de Waterlanders en de Menno-getrouwen aan het einde van de jaren 1550 uit elkaar waren gegaan leidde een futiliteit tot een nieuwe scheuring, juist op het moment dat er een vorm van samenwerking tussen enkele grotere gemeenten tot stand was gekomen. Rond 1560 ontstond er tussen de gemeenten in de steden Harlingen, Franeker, Leeuwarden en Dokkum een samenwerkingsverband dat de geschiedenis is ingegaan als het 'Verbond der vier steden'. De insteek van deze samenwerking was dat de oudsten van de verschillende gemeenten ook zouden mogen dopen en bedienen in de andere gemeenten. Ook zouden ze als rechters kunnen worden ingeroepen wanneer er binnen een gemeente problemen waren ontstaan. Daarnaast wilde men samenwerken bij het opvangen van vluchtelingen uit de Zuidelijke Nederlanden en Duitsland, vervolgden die veelal berooid in Friesland hun toevlucht zochten.

Met deze vorm van samenwerking werd de gemeentelijke autonomie tot op zekere hoogte geweld aangedaan, hoewel het uitgangspunt van samenwerking juist gericht was op de versterking van de beweging als geheel, en daarmee ook van de individuele gemeenten. Misschien dat vanwege deze schijnbare tegenstelling het verbond geheim werd gehouden voor de gewone gelovigen. Belangrijker was waarschijnlijk dat men de overheid niet bang wilde maken met een sterke doopsgezinde vereniging die de lokale gemeenten oversteeg. Zoals zo vaak bleef ook dit geheime verbond niet lang geheim.

Voor we ingaan op de ruzie die binnen dit verbond ontstond, is het goed om op te merken dat de komst van Vlaamse doopsgezinde vluchtelingen in de steden Sneek, Harlingen, Franeker en Leeuwarden niet alleen zorgde voor een versterking en vergroting van de doopgezinde groep, maar ook voor een cultuurschok. Volgens bronnen uit die tijd droegen de Vlamingen zwieriger en fleuriger kleren dan de Friezen, wat aanstoot gaf bij de strenge Friese Mennonieten. Voor hen was eenvoud van dracht een teken van geloofsijver geworden. De andere kant van de medaille was dat de Vlamingen de eenvoudige kleren van de Friezen juist hypocriet vonden: hun woningen waren namelijk veel rijker gestoffeerd dan die van de Vlamingen, die vaak met weinig middelen en veel ontberingen naar Friesland gekomen waren. Hoewel de verschillende opvattingen in eerste instantie voortkwamen uit de verschillen tussen autochtonen en allochtonen, zijn 'Friezen' en 'Vlamingen' uiteindelijk namen van stromingen geworden, zonder dat hun herkomst of de daaraan gerelateerde levensstijl nog een rol speelde.

Hoe dan ook, een van de bepalingen in het verbond tussen de vier steden vormde misschien niet de directe aanleiding, maar wel het kader waarbinnen de grote scheuring binnen de groep van Menno-getrouwen in Friesland zich afspeelde. In het verbond stond dat een leraar of oudste in de ene gemeente in dezelfde hoedanigheid mocht optreden in elke andere aangesloten gemeente. Hiermee was een verkiezing van een leraar door de broeders in de ene gemeente ook meteen van betekenis voor de drie andere gemeenten. De verkiezing van Jeroen Tinnegieter tot leraar in Franeker, waarschijnlijk in 1565, viel niet goed in Harlingen, vooral vanwege de eerder genoemde cultuurverschillen tussen de Vlaming Tinnegieter en de Harlingers onder leiding van de autochtone Fries Ebbe Pieters. Deze kwestie werd weliswaar na bemiddeling bijgelegd, maar een nieuw conflict bleek in de maak, waarbij de rancune van Tinnegieter ten opzichte van Pieters een rol speelde. Tinnegieter wist op een bepaald moment de steun van enige Franeker broeders te verkrijgen om het verbond, dat zich met zijn verkiezing tot leraar had bemoeid, op te zeggen. Dit tot teleurstelling van de andere drie gemeenten, Dokkum, Harlingen en Leeuwarden. Zij wilden zich aan het verbond houden.

Het ging echt mis op het moment dat Tinnegieter, de aanstichter van het protest tegen het verbond, erachter kwam dat een deel van de Franeker gemeente eigenlijk helemaal niet van het verbond af wilde. Tweespalt in Franeker was daarmee geboren. Toen daarnaast ook nog eens de Harlinger leraar Ebbe Pieters, de leider van het verzet tegen Tinnegieter, door de Franeker Vlamingen in de ban gedaan werd vanwege diens standpunt ten aanzien van Tinnegieter, waren de rapen gaar. Er ontstond een vrijwel onontwarbare kluwen van conflicten, die zich steeds verder uitbreidde. Leiders van de twee groepen waren de hierboven genoemde Jeroen Tinnegieter aan de Vlaamse kant en Hoyte Renix uit Bolsward aan de Friese kant, die zich van in eerste instantie als leraar van buiten Franeker als bemiddelaar was gevraagd, maar allengs meer partij in het conflict werd. Met het 'Verbond der vier steden' had dit uiteindelijk niet veel meer te maken – het verbond stierf uiteindelijke een zachte dood.

Een paar keer leek het er op dat er door interventie van afgevaardigden van buiten een oplossing of compromis gevonden kon worden, maar evenzovele keren mislukte dit toch. Ook de bemoeienissen van Dirck Philips, de oude strijdmakker van Menno, konden geen oplossing bewerkstelligen. De oorzaak van de mislukkingen was dat beide partijen wel enige schuld wilden bekennen, maar steeds vonden dat de andere partij net iets meer schuld had. Juist door de interventies van buiten Franeker, zoals die van Hoyte Renix uit Bolsward, kreeg het conflict een bovenregionale uitstraling. Vrijwel alle gemeenten die tot de Menno-gezinde doopsgezinden behoorden, waren gedwongen partij te kiezen. Persoonlijk sympathieën en religieuze gronden zullen door het persoonlijke en onoverzichtelijke karakter van het conflict vaak door elkaar hebben gelopen. Het gevolg was dat er vanaf het begin van de jaren 1570 in de 'Menno-hoek' twee partijen waren, de Vlamingen en de Friezen, die wat betreft de inhoud van hun religieuze opvattingen amper verschilden, maar tegelijkertijd zo ver van elkaar verwijderd waren geraakt, dat ze elkaar niet meer konden vinden. Met geloof had dit weinig te maken, met koppigheid des te meer.

Jonge en Oude Vlamingen

Nu de Vlamingen zich zo duidelijk tegenover de Friezen geprofileerd hadden lag het voor de hand dat de verhoudingen enigszins zouden stabiliseren. Het laatste wat we zouden mogen verwachten was een scheuring binnen de Vlaamse groep. Toch ging het mis. In 1586 kwam het opnieuw tot een conflict, en weer lag de wortel in Franeker. Thomas Byntgens, leraar ter plaatse, had een huis gekocht. Op een of andere manier was

71 Eenvoudige doopsgezinde vermaning te Franeker ondergebracht in mogelijk nog eind 17e/begin 18e eeuws gebouw.

er een gerucht de wereld in gekomen dat met deze transactie het nodige mis was. Drie mannen beschuldigden Byntgens, zelf niet van Vlaamse origine maar wel 'Vlaming', van onregelmatigheden bij de afhandeling van het koopcontract. De wel uit Vlaanderen afkomstige Jacob Keest vervulde hierbij een hoofdrol. Hoewel een deel van de gemeenteleden Byntgens' bewijzen dat hij niet had gesjoemeld accepteerde, bleef Keest bij zijn beschuldiging. Wat volgde was een drama, waarbij stijfkoppigheid en ego's de boventoon voerden.

Vrijwel iedereen in de Vlaamse gemeenschap die wat voorstelde – in Friesland maar ook in de rest van de Republiek – bemoeide zich met de kwestie, en met iedere bemoeienis werd de kloof dieper. Jacob Keest en zijn aanhang banden de persoon Byntgens uiteindelijk in 1589, waarmee de scheiding in de Vlaamse gemeenten een feit werd. Juist omdat zoveel mensen zich met de ruzie hadden bemoeid moesten alle Vlaamse gemeenten uiteindelijk een keuze maken, voor of tegen de Huiskopers, zoals de groep rond Byntgens in eerste instantie door het leven ging. Eerst banden de Huiskopers de Contra-Huiskoperse gemeenten, daarna gebeurde hetzelfde vanaf de andere kant. Het ging niet meer om personen, maar om hele groepen.

Hoewel het hele conflict ogenschijnlijk niets met theologische standpunten te maken had, speelden deze op de achtergrond toch mee. Als snel bleken de 'Oude' Vlamingen rond Byntgens een beduidend strengere richting te zijn dan de 'Jonge' Vlamingen rond Keest. Dit is opmerkelijk, omdat de morele lat juist door Keest cum suis zo hoog was gelegd. Natuurlijk was de ban weer het onderscheidende principe. De Oude Vlamingen gingen hierin verder dan anderen voor hen. De zondaren binnen de gemeenten stond een strengere straf te wachten dan de openlijke zondaren, dat wil zeggen de rest van de mensheid. Met een zondaar uit de gemeente die gebannen was mocht geen handel gedreven geworden, laat staan gegeten of gedronken, terwijl dit met openlijke zondaren wel toegestaan was. Tot een grote beweging hebben de Oude Vlamingen zich echter niet weten te ontwikkelen. De Jonge Vlamingen daarentegen hebben in Friesland wel een belangrijke rol gespeeld: samen met de Friese stroming vormden ze de kern van doopsgezind Friesland. Voor alle duidelijkheid, beide groepen behoorden tot de Menno-gezinden.

Behalve de Oude Vlamingen ontstond er uit de Vlaamse stroming nog een tweede conservatieve stroming, die de Groninger Oude Vlamingen werd genoemd. Dit kwam doordat de notie van de zuivere gemeente ook binnen de Oud-Vlaamse gemeente onder druk kwam te staan. Natuurlijk waren er de nodige gemeenteleden die dit niet goed vonden. Ze wilden de tucht, het toezicht op het gedrag van de gemeenteleden weer aanhalen. In de jaren 1620 kwam het, naar aanleiding van een conflict over de ban in het Overijsselse Blokzijl tot een afscheiding en ontstond de groep der Groninger Oude Vlamingen: het was een oudste uit de provincie Groningen die de zaak op de spits dreef. Hoewel ze in Friesland en Groningen een behoorlijke aanhang hadden, en ook in Deventer en Twente, bleven ze een groep in de marge. In veel opzichten was hun leer te streng, te exclusief om voor langere tijd een grote aanhang te verwerven. De sociale controle was groot, huwelijken waren alleen binnen de eigen groep mogelijk en de kledingvoorschriften verboden iedere vorm van opsmuk.

De tien gemeenten van Groninger Oude Vlamingen die er in Friesland geweest zijn, hebben soms maar beperkte sporen nagelaten. Behalve dat ze hebben bestaan weten we bijvoorbeeld maar weinig van de gemeenten in Mildam en Oldeberkoop. Sommige gemeenten verdwenen in de eerste helft van de achttiende eeuw. Hier staat tegenover dat de gemeente van Groninger Oude Vlamingen in Sneek juist in die tijd pas werd opgericht. Aan het einde van de jaren 1740 namelijk, besloot een aantal Sneker doopsgezinden, met als voormannen leden van de families Wouters en Ten Cate, zich af te scheiden van de Oud-Vlaamse gemeente in IJlst waar ze eerst kerkten. De aanleiding hiertoe was echter nogal prozaïsch van aard, en praktische overwegingen hadden de overhand: voor de oudere gemeenteleden werd de wekelijkse reis naar IJlst te veel.

Zachte en Harde Friezen

De Friese stroming wist tot 1588 de vrede te bewaren. Maar niet lang nadat het binnen de Vlaamse gemeenten in Franeker en Harlingen tot hooglopende ruzies kwam, ging het bij de Friezen eveneens mis. De toepassing van de ban was het strijdpunt. Al vanaf 1581 tekende zich een verschil af tussen de gematigden, met als voormannen Lubbert Gerrits en Hoyte Renix, en een andere groep strengere oudsten, waarvan Thuij Gerrits, Joost Eewoudts en Jan Jacobsz de leiders waren. De namen van de twee stromingen die vervolgens ontstonden, de 'Zachte' en de 'Harde' Friezen, geven hun tegenstelling goed weer. De Zachte Friezen zagen de ban als een terechtwijzing om dwalers weer op het goede pad te krijgen, niet als een harde straf voor slecht gedrag. Ze stonden met deze opvatting dicht bij de Hoogduitsers, waarmee ze al spoedig samen optrokken en in 1591 zelfs fuseerden. Over de belangrijkste praktische en godsdienstige zaken vonden de Zachte Friezen en de Hoogduitsers elkaar in het 'Concept van Keulen', dat al langere tijd bij de Hoogduitsers als belijdenisgeschrift in omloop was. Ban en mijding bleven bestaan, maar moesten met mate worden toegepast. Echtmijding was voortaan uit den boze, en eenmaal gesloten 'gemengde' huwelijken werden gerespecteerd, hoewel de buitentrouw als principe wel werd afgewezen. Tenslotte werd terughoudendheid in handel gevraagd, en natuurlijk soberheid in kleding en leefwijze.

Met deze fusie leek een begin gemaakt te zijn met een hereniging van de doopsgezinden, niet alleen in Friesland, maar in de gehele Republiek.

Titelpagina 'Concept van Ceulen, van den eersten mey, anno 1591'.

Een verbond van de (zachte) Friezen/Hoogduitsers met de Waterlanders, onder de naam 'Bevredigde Broederschap' kwam in 1601 tot stand. Het leek een volgende, logische stap op weg naar eenheid. De 'Bevredigde Broederschap' was echter geen lang leven beschoren. De verschillen tussen de 'slappe' Waterlanders en de Friezen/Hoogduitsers, vooral met betrekking tot de discipline binnen de gemeenten, bleken zodanig dat men in de meeste plaatsen in 1613 al weer uit elkaar ging.

De Harde Friezen onderscheidden zich in theologische zin op een aantal punten van de andere doperse stromingen, door de wijze waarop ze het begrip van de ware, zuivere gemeente hanteerden – het begrip van de gemeente is zelden zo streng gedefinieerd als bij de Harde Friezen. De ware gemeente bestond in hun visie slechts uit diegenen die zich in lichaam en geest van de wereld hebben afgezonderd. De ban werd in uiterste strengheid gehanteerd, ook de echtmijding. Ook in de praktijk van het geloof hadden ze hun eigen kenmerken. Zo hielden ze strak vast aan de zogenaamde voetwassing, waarbij de leden als teken van nederigheid elkaars voeten wasten.

Harde Friezen en nog hardere Friezen: Jan Jacobszgezinden

Ook bij de Harde Friezen ging het mis, zoals al bijna was te verwachten. Het conflict is zowat een kopie van wat zich bij de Oude Vlamingen afspeelde: de tucht was in de ogen van sommigen te slap en moest worden aangehaald. Rond 1600 was het bij de Harde Friezen de eerder genoemde Harlinger oudste Jan Jacobsz die in de toch al strenge stroming de puntjes op de i wilde zetten. Hij speelde het klaar om zo'n ophef te maken dat het Hof van Friesland zich met hem ging bemoeien. Hij werd onder andere beschuldigd van het onttrekken van kinderen uit de vaderlijke macht, een beschuldiging die hij niet ontkende. Hij vond dat als een doopsgezinde vrouw al met een niet-doopsgezinde man getrouwd was, zij er in elk geval voor moest zorgen dat de kinderen niet werden gedoopt, de kinderdoop was immers uit den boze. Zelfs als dit betekende dat de kinderen voor de vader verstopt moesten worden. Wegens het verstoren van de rust en vrede in het gewest werd hij voor eeuwig uit Friesland verbannen, een ironisch vonnis voor iemand die het bannen van anderen tot zijn hoofdtaak gemaakt had.

Dit betekende niet dat zijn aanhang in Friesland ook verdween. De Jan Jacobszgezinden bleven in eigen ogen de ware verdedigers van het gedachtegoed van de 'ouden', en zagen zichzelf als de ware vertegenwoordigers van Menno Simons en Dirck Philips. De groep kon zich tot in de negentiende eeuw in stand houden. Op het hoogtepunt telde Friesland zeventien Jan Jacobszgezinde gemeenten – een respectabel aantal. Het waren echter maar kleine plukjes. In vergelijking met de andere groepen is de aanhang eigenlijk altijd beperkt gebleven. Samen met de Harde Friezen en de Groninger Oude Vlamingen vormden de Jan Jacobszgezinden het meest behoudende echelon doopsgezinden.

Tussen Menno en Calvijn

Van de stromingen waarmee de doopsgezinden moesten wedijveren om aanhang, had vooral het katholicisme het zwaar. Na de Beeldenstorm trachtten de katholieken zich tot in de jaren 1570 zo goed en zo kwaad mogelijk te handhaven, met steun van een overheid die nog steeds het Spaanse gezag vertegenwoordigde. Vanaf het begin was dit voor de katholieken echter een verloren strijd. Ondanks alle vervolgingen wonnen de dopers en later de calvinisten in Friesland steeds meer aan terrein. De bezwaren tegen het katholicisme waren groot en de problemen binnen de kerk werden te laat aangepakt om de hervormingsbeweging nog een halt toe te roepen. Uiteindelijk zijn er in Friesland een aantal katholieke enclaves overgebleven zoals in Gaasterland, in Blauwhuis en in het Stellingwerfse Steggerda. Ook in de steden bleven katholieke gemeenschappen bestaan. Over de gehele linie gezien overtroffen de niet-katholieken de katholieken echter ver in aantal. Toch kreeg de wederopstanding van het oude geloof aan het einde van de zestiende eeuw weer momentum. De Contra-Reformatie, waarbinnen deze wederopstanding gestalte kreeg en die er voor zorgde dat de kerk werd gezuiverd, kwam echter te laat om in Friesland nog van grote invloed te kunnen zijn.

Daarnaast kregen de calvinisten in het midden van de zestiende eeuw steeds meer de wind in de zeilen. In tegenstelling tot de doopsgezinden waren de calvinisten niet afkerig van de staat en het bestuur, integendeel. Zij wilden de staat juist overnemen en deze daarna schoeien op hun protestantse leest. Hierdoor waren ze voor de overheid, het regime van Philips II, een veel geduchter vijand dan de dopers, die eigenlijk niet anders wilden dan met rust gelaten te worden. Met de machtsovername door de anti-koningspartij die stadhouder Rennenberg in 1580 verjoeg, leken de calvinisten hun kans te krijgen, maar de gematigde krachten waren – evenals elders in de Republiek – sterk genoeg om alles wat naar theocratie riekte in de kiem te smoren.

Dit neemt niet weg dat de hardere calvinisten vanaf de jaren 1580 hun kans schoon om de doopsgezinden dwars te zitten. Aan einde van de zestiende eeuw en aan het begin van de zeventiende eeuw trachtten ze meerdere malen een weloverwogen strategie ten opzichte van de doopsgezinden te ontwikkelen. Er lagen verschillende opties open om hun doel te bereiken. De eerste was om via de overheid de vrijheid van de doopsgezinden zo veel mogelijk in te perken. De overheid stond hierbij formeel steeds aan de kant van de calvinisten, maar had over het algemeen meer belang bij het handhaven van de rust, dan bij het aanscherpen van conflicten tussen verschillende denominaties.

De militante calvinistische dominees en hun aanhang waren dan ook zelden tevreden over de feitelijke steun die ze kregen. Dat het bestuur van een stad als Leeuwarden al in de jaren 1580 accepteerde dat doopsgezinden zich van wachtdiensten en andere militaire verplichtingen mochten onthouden zegt al genoeg. De bijzondere positie van de doopsgezinden werd door het stadsbestuur geaccepteerd.

Toen in 1608 de stadsregering, onder calvinistische druk, anders besloot en een aantal dopers wegens weigering van hun opgelegde verplichtingen verbande, waren het opmerkelijk genoeg de hoplieden van de schutters die voor de dopers opkwamen en hun voorrechten in stand wilden houden. Hun overwegingen waren van praktische aard – ze gingen niet mee in de door de calvinisten gewenste situatie waarbij de dopers onder druk toch aan de activiteiten van de schutters mee moesten doen. De strijdvaardigheid van hun troepen, zo stelden de hoplieden, was niet gebaat met de toevoeging van een aantal onwillige pacifisten. De maatregelen waren dan ook snel weer van de baan.

In 1610 nam een gematigde groep het bestuur van de stad over en was het gebeurd met de macht van de felle calvinisten. De oude praktijk, waarbij de doopsgezinden de schutterstaken – de gewapende bescherming van de burgerij – konden afkopen, werd hersteld. Ook in Sneek, waar doopsgezinde bijeenkomsten in 1601 zelfs korte tijd verboden waren, was de macht van de fanatici niet van lange duur, en won het gezonde verstand het van calvinistische geestdrijverij.

Voor de calvinisten waren de bestrijding van de doopsgezinden en de pogingen om hen te bekeren niet eenvoudig. Een eerste probleem was dat de dominees hun bezwaren niet konden richten op een duidelijk omschreven algemene belijdenis, omdat die bij de doopsgezinden niet bestond. Daarnaast was er tussen de dopers onderling zoveel verdeeldheid dat er voor hun tegenstanders geen touw aan vast te knopen viel. Anderzijds ontbrak het de dopers vaak aan theologische scholing, waardoor zij niet de juiste kennis hadden om de discussie met hun tegenstanders aan te gaan. Toch zijn er de nodige disputen geweest, maar die hebben in het kader van de bekering tot het calvinisme uiteindelijk niet veel zoden aan de dijk gezet.

Een middel dat sommige dominees wel toepasten aan het einde van de zestiende eeuw was het inbreken op doperse 'vergaderingen' – de term die voor de diensten werd gebruikt – om de discussie met de aanwezigen aan te gaan. Soms lukte dat, maar het kon ook gebeuren, zoals in 1594 in Nijland bij Sneek, dat de gehele gemeente vertrok en de dominee alleen achterliet. De Sneker dominees Geldorpius en Bogerman kregen in doopsgezinde vergaderingen waar zij zich indrongen ook geen voet aan de grond; een gesprek kwam er niet. Overigens geldt ook hier dat de dagelijkse realiteit niet zo zwart-wit was als de religieuze leer wil voorschrijven: Geldorpius' vrouw had doopsgezinde verwanten, die als voogd over de kinderen uit haar eerste huwelijk optraden.

Toch vonden er af en toe gesprekken, of liever twistgesprekken, over theologische onderwerpen plaats tussen calvinistische dominees en doopsgezinde dienaren of oudsten. Doel was van beide zijden om de ander van zijn ongelijk te overtuigen. In Leeuwarden gebeurde dit bijvoorbeeld in 1596, toen onder auspiciën van het stadsbestuur Pieter van Keulen – die tot de Friese richting der doopsgezinden behoorde – de strijd aanging met dominee Ruardus Acronius. In drie maanden werden 155 sessies gehouden, waarbij zo'n beetje alle verschillen tussen dopers en calvinisten de revue passeerden. Aan het einde waren de partijen nog net zover van elkaar verwijderd als aan het begin, maar de calvinisten hadden in zoverre succes dat Pieter van Keulen het preken in Friesland werd verboden.

Portret van Johannes Bogerman.

Portret van de theoloog en predikant Henricus Geldorp.

Hoewel de doopsgezinden aan het einde van de zestiende eeuw in de vroege Republiek met de nodige tegenwerking te maken hadden, konden ze toch in relatieve tolerantie en vrijheid leven. Hoe anders was hun positie een halve eeuw eerder geweest, toen ze voor hun leven moesten vrezen. De calvinistische dominees zetten in de zeventiende eeuw hun strijd tegen de doopsgezinden voort, en we zullen in het volgende hoofdstuk zien dat ze daarbij enig succes hebben geboekt. Als we de stand van zaken in 1600 bekijken, dan was de onderlinge verdeeldheid onder doopsgezinden echter een veel groter gevaar dan welke tegenstander van buiten dan ook.

HOOFDSTUK 4

Van Twaalfjarig Bestand naar Friese Doopsgezinde Sociëteit

Politieke en godsdienstige ontwikkelingen in de vroege zeventiende eeuw

De jonge Republiek der Zeven Verenigde Nederlanden bestond sinds 1579. In dat jaar verbonden de zeven noordelijke gewesten van de Nederlanden zich aan elkaar door het sluiten van de Unie van Utrecht. Goed dertig jaar later stond de Republiek al aan de vooravond van de grootste interne crisis uit haar bestaan. Langzamerhand waren er scheuren ontstaan in de goede verstandhouding tussen landsadvocaat en architect van de Republiek Johan van Oldenbarnevelt en Prins Maurits van Oranje, die zijn vader Willem van Oranje had opgevolgd als stadhouder van Holland en Zeeland (en later ook stadhouder werd van Utrecht, Gelderland, Groningen, Overijssel en Drenthe). Hun politieke, militaire en religieuze opvattingen begonnen uiteen te lopen. De zaak escaleerde tijdens het Twaalfjarig Bestand met Spanje (1609-1621). Maurits greep in 1618 de macht en liet Van Oldenbarnevelt arresteren wegens hoogverraad. Diens ter dood veroordeling en executie in mei 1619 was niets anders dan een gerechtelijke moord op politieke gronden.

Het conflict tussen Oldenbarnevelt en Maurits had behalve een politieke en militaire dimensie – Maurits wilde de oorlog met Spanje zo snel mogelijk hervatten - ook te maken met het conflict tussen remonstranten en contraremonstranten – twee verschillende stromingen in de gereformeerde kerk. Dit was de kerk van de calvinistische protestanten die sinds het begin van de Unie van Utrecht de publieke kerk was in de Nederlanden. De intentie om de enige kerk, de Staatskerk, te zijn werd echter nooit gerealiseerd. In de praktijk ontwikkelde zich gedurende de zeventiende eeuw een gedoogsamenleving, waarin de gereformeerde kerk weliswaar de 'bevoorrechte' kerk was, maar waar ook ruimte bestond voor andersdenkenden zoals doopsgezinden en katholieken – wanneer ze tenminste geen bedreiging vormden voor de maatschappelijke en politieke orde, en zolang ze de gereformeerde kerk respecteerden. Die gedoogsamenleving stond aan het begin van de zeventiende eeuw echter nog in de kinderschoenen.

Rond 1600 ontstonden er scheuren binnen de gereformeerde kerk. De theologen Franciscus Gomarus en Jacobus Arminius en hun aanhangers kwamen recht tegenover elkaar te staan in hun opvattingen over het leerstuk van de predestinatie. Gomarus *cum suis* meenden dat er aan de voorbeschikking niet te tornen viel, terwijl Arminius en zijn aanhangers een rekkelijker opvatting hadden van de predestinatie en van mening waren dat de gelovigen zelf invloed konden uitoefenen op hun lotsbeschikking.

In 1610 stelden de Arminianen een bezwaarschrift, of 'remonstrantie' op, waarin zij hun opvattingen uiteenzetten, waarop de Gomaristen een 'contraremonstrantie' indienden om hen van repliek te dienen – vandaar de namen van de stromingen. Het conflict tussen beide partijen bleef jaren woeden en werd uiteindelijk beslecht door de Synode van Dordrecht in 1618-1619. De contraremonstranten kwamen als overwinnaars uit de strijd, maar alleen doordat stadhouder Maurits uiteindelijk hun kant koos – een keuze vooral ingegeven door het simpele feit dat zijn politieke tegenstanders de kant van de remonstranten kozen.

Na de Dordtse Synode stortten de strenge protestanten zich met hernieuwde energie op de calvinisering van de samenleving in hun streven een godsstaat te maken van de Republiek. Het maatschappelijke draagvlak voor deze calviniseringsgolf was echter gering. Zowel de stedelijke burgerij als de nieuwe stadhouder Frederik Hendrik, die zijn halfbroer Maurits in 1625 opvolgde, waren niet gediend van een al te grote invloed van religie op politiek en bestuur. Ook de doopsgezinden – die als grootste groep dissenters binnen het protestantisme een voorspelbaar en gewild doelwit van de strenge calvinisten vormden – zaten niet te wachten op een alles domineerende gereformeerde kerk. Al snel bleek dan ook dat de feitelijke invloed van de calvinistische dominees veel minder groot was dan ze na de overwinning op de remonstranten hoopten.

Stadhouder Frederik Hendrik volgde zijn halfbroer Maurits op na diens dood in 1625 en slaagde erin de verhoudingen in de Republiek te stabiliseren – zowel de staatkundig-politieke situatie als de daarmee samenhangende positionering van de verschillende godsdienstige stromingen. Onder Frederik Hendrik leek de Republiek zich zelfs even in een totaal andere richting, die van een monarchie, te ontwikkelen. De bijzondere machtspositie van het huis van Oranje was echter geen lang leven beschoren. Na de dood van Frederik Hendrik in 1647 nam zijn zoon Willem II het roer over, maar dat was bepaald geen succes. Zijn onhandige en impulsieve politieke optreden deed de grote meerderheid van de zeven provinciën besluiten om niet opnieuw een stadhouder te benoemen na de vroege dood van Willem II in 1650. In Friesland, waar niet de Oranjes maar de aan hen gelieerde Nassaus de stadhouder leverden, veranderde niets. De Nassaus bleven aan het hoofd van de regering staan. Na Willem Lodewijk (1584-1620) kwam Ernst Casimir (1620-1632), opgevolgd door Hendrik Casimir I (1632-1640).

Portret van Christoph
Bernard von Galen,
bisschop van Munster. Bij
omkering toont de prent
de kop van een varken.

Daarna kwamen Willem Frederik (1640-1664) en Hendrik Casimir II (1664-1696). Hoewel ze een eigen hof voerden in Leeuwarden, kregen ze nooit de status van hun Hollandse tegenhangers, die zich bewogen in het milieu van de grote Europese vorstenhuizen.

De ontwikkelingen op 'nationaal' niveau (van een echte natie was tot 1795 nog geen sprake) hadden natuurlijk ook effect in Friesland. De calvinistische pogingen om de dopers op het rechte pad te brengen namen na de Synode van Dordrecht weer in felheid toe, maar hadden zoals gezegd slechts beperkt succes. Voor de Friese doopsgezinden was de periode van 1665 tot 1674 van groot belang in politieke en maatschappelijke zin. Eerst droegen de doopsgezinden verplicht financieel bij aan de landsverdediging ten tijde van de Tweede Engelse Oorlog (1665-1667) – een bijdrage die een positieve invloed had op de maatschappelijke positie van de doopsgezinden. Hoewel de Tweede Engelse Oorlog zich voornamelijk op zee afspeelde, kwam een paar jaar later het krijgsgeweld toch heel dichtbij. 1672 was een rampjaar voor

Portret van Willem Frederik, graaf van Nassau-Dietz.

de Republiek en ook Friesland kreeg grote problemen. Terwijl Holland en de Zuidelijke Nederlanden te maken kregen met aanvallen van de Engelsen en de Fransen, werden het noorden en oosten bedreigd vanuit de bisdommen Munster en Keulen. De inval van de bisschop van Munster in Overijssel was bijna een wandeltocht; in Zwolle en Kampen werd geen tegenstand van betekenis geboden. Overijssel capituleerde en de weg naar Groningen en Friesland kwam zo goed als vrij te liggen voor de bisschop. Snel kwamen de troepen van de bisschop aan de Friese waterlinie te staan, klaar om het gewest binnen te vallen. De verdediging van de waterlinie vanaf de schansen en de mogelijkheid om stukken land daartussen onder water te zetten zorgde er echter voor dat het Munsterse leger niet verder kwam.

Gezien de reputatie van deze katholieke bisschop en krijgsheer Bernard van Galen lag er bij een verovering van Friesland weinig goeds in het verschiet voor de doopsgezinden en andere protestanten. Van Galen had niets op met protestanten van welke signatuur dan ook. De doopsgezinden hadden er dan ook veel belang bij de bisschop buiten te houden. Ook in deze tijd van crisis lieten de doopsgezinden door grote financiële bijdragen zien dat ze zich volstrekt loyaal opstelden ten opzichte van de Friese overheid. Ze gebruikten weliswaar zelf geen wapens, maar leverden door hun financiële inspanningen een belangrijke bijdrage aan de succesvolle verdediging van het gewest.

Ondanks de verbeterende maatschappelijke positie van de doopsgezinden en de verminderde felheid van de strenge calvinisten was er ook in de zeventiende eeuw nog steeds sprake van tegenstand. De calvinistische dominees en soms ook de overheid vonden dat veel doopsgezinden onder invloed kwamen te staan van het Socinianisme, een in vele ogen ketterse stroming die de Heilige Drie-eenheid afwees. De vraag is of dit ook

Portret van Christoph Bernhard von Galen, bisschop van Münster.

daadwerkelijk zo was. Sommige doopsgezinden neigden wel in Socinianistische richting, maar in de regel was het Socinianisme vooral een stok om de hond mee te slaan. Deze kwestie zal in het volgende hoofdstuk verder aan de orde komen, maar de oorsprong hiervan ligt al in de zeventiende eeuw. Naast dit nieuwe probleem was er ook een positieve ontwikkeling gaande, namelijk de oprichting van de Friese Doopsgezinde Sociëteit in 1695. Hierin zocht een aantal verschillende stromingen praktische samenwerking – een samenwerking die in tijden van vervolging goed van pas kwam.

In dit hoofdstuk zullen vooral de perikelen van de Friese doopsgezinden in de zeventiende eeuw onderling, de verhouding tot de gereformeerden en de relatie met de verschillende overheden centraal staan.

Calvinistische druk en afnemende aanhang

De landelijke uitschakeling van de remonstrantse oppositie in 1618 betekende dat de rechtzinnige calvinistische dominees hun pijlen weer met hernieuwde kracht op de doopsgezinden konden gaan richten. Net als eerder had deze tegenstand geen groot effect op het aantal afvalligen onder de doopsgezinden, al is de doopsgezinde beweging over de gehele zeventiende eeuw bezien wel kleiner geworden. Op het hoogtepunt van de doopsgezinde beweging aan het einde van de zestiende eeuw maakte zo'n 20 tot 25 procent van de Friese bevolking er deel van uit, maar aan het einde van de zeventiende eeuw was het nog ongeveer 10 tot 15 procent. Eenvoudig is deze achteruitgang niet verklaren. Naast de druk van buitenaf kunnen ook verschillende interne elementen er voor gezorgd hebben dat mensen zich afkeerden van de doopsgezinde beweging, zoals bijvoorbeeld de 'zwaarte' van het doopsgezinde geloof.

De eisen waaraan de doopsgezinden moesten voldoen waren streng en de sociale druk op de gelovigen om zich aan de regels van de groep te conformeren was groot. Hoewel de calvinisten een dergelijke confirmatie aan de groepsmoraal eveneens nastreefden, bleek er bij hen in de praktijk toch meer ruimte voor gedrag dat niet geheel aan de strenge eisen van de dominees voldeed dan bij de doopsgezinden. In deze zin was het leven van de doopsgezinden 'moeilijker' en veeleisender dan dat van de doorsnee calvinist. Een tweede element is prozaïscher. Er waren simpele voordelen verbonden aan het lidmaatschap van de gereformeerde kerk als publieke kerk, waar de doopsgezinden en andere dissenters geen aanspraak op konden maken. Overheidsambten bijvoorbeeld, konden een mooi traktement opleveren waar weinig voor gedaan hoefde te worden, maar deze waren voor de doopsgezinden niet toegankelijk – zowel de overheid als hun eigen politieke overtuigingen lieten dit (eigenlijk) niet toe.

In het vorige hoofdstuk hebben we al even de sociaal-economische achtergrond van de doopsgezinden aangeduid. Het lijkt erop dat de samenstelling van de groep ten tijde van haar ontstaan in de zestiende eeuw, een redelijke dwarsdoorsnede van de bevolking was. Dit betekent dat de doopsgezinde aanhang zich ook bevond onder ambachtslieden en kooplieden, de bevolkingsgroep die in de zestiende eeuw de steden bestuurde. Deze maatschappelijke positie bracht voor de strengere doopsgezinden gewetensproblemen met zich mee, die ertoe leidden dat ze niet meer aan het bestuur konden deelnemen. Immers, wie deelnam aan het bestuur, nam deel aan 'de wereld', terwijl de strenge doopsgezinden zich zoveel mogelijk van de wereld af wilden (en moesten) afzonderen. Bovendien droeg het bestuur van de stad of van de grietenij 'het zwaard'; zij moest de orde handhaven, wat soms met het uitoefenen van geweld gepaard kon gaan – iets waar de doopsgezinden zich verre van wensten te houden. Vanuit de gemeentes werd daarom ook druk uitgeoefend op hun aanhang onder de elite om zich uit de bestuurlijke gremia terug te trekken.

Naast deze gewetenskwesties in de strengere groep bestond er voor de meer plooibare doopsgezinden die wel aan het bestuur wilden deelnemen een ander probleem. Calvinistische dominees stookten de stadsbesturen op om zichzelf te zuiveren van doperse, roomse en andere 'gevaarlijke' elementen. Ook van de stadhouder, die een flinke vinger in de pap had bij benoemingen in de stedelijke besturen, werd rechtzinnigheid geëist. Voor wie twijfelde tussen God en de wereld was een overgang naar de bevoorrechte gereformeerde kerk altijd een optie. Immers, het lidmaatschap van die kerk bracht het maatschappelijke voordeel met zich mee dat men publieke functies kon gaan bekleden.

Na de overgang van Friesland naar de kant van de opstand tegen Spanje, werd geprobeerd de besturen van steden en grietenijen te zuiveren van doperse en katholieke invloeden, en van personen die niet voldeden aan de calvinistische levensstijl. De praktijk was weerbarstig. Vanaf 1580 werden stadsbesturen er door de calvinistische dominees, met steun van stadhouder en Staten al toe aangezet zich te ontdoen van niet-calvinisten, maar het duurde bijna een halve eeuw voordat deze 'zuivering' was voltooid. In Sneek bijvoorbeeld, duurde het tot het einde van de jaren 1620 voordat het stadsbestuur vrij was van 'roomse en doperse smetten'. Lokaal was het doopsgezinde netwerk klaarblijkelijk zo sterk dat verzet tegen de wensen van stadhouder en dominees mogelijk was. Hieruit blijkt wel dat het hier niet om de strenge richting binnen de doopsgezinde gemeenschap ging – strenge doopsgezinden wilden immers niet eens deelnemen aan het bestuur.

Langzame toenadering en nieuwe splitsingen

In het vorige hoofdstuk zagen we hoe in de zestiende eeuw grote conflicten de doopsgezinde beweging verscheurden. De verschillende ideeën over de toepassing van de ban waren een voortdurende bron van ellende. Tegenover al deze ruzies stonden echter net zoveel pogingen tot hereniging. Eerder is de vereniging van de Zachte Friezen en de Hoogduitsers al genoemd. Een verbond van deze partijen met de Waterlanders leidde in 1591 tot het vormen van de Bevredigde Broederschap. Dat verbond was echter geen lang leven beschoren en viel in 1613 alweer uiteen. Andere pogingen hadden meer succes.

Binnen Friesland is vooral de toenadering tussen Zachte Friezen en Jonge Vlamingen van belang geweest. Juist in Franeker, waar de strijd tussen Vlamingen en Friezen in de jaren 1560 was begonnen, herenigden deze groepen zich in 1606, Harlingen volgde in 1610. Daar kwam uiteindelijk in 1626 zelfs een volledige hereniging van (Jonge) Vlamingen, (Zachte) Friezen en Hoogduitsers tot stand. Een algemene verbinding op gewestelijk niveau was dit echter niet: groepen als de Harde Friezen en de Oude Vlamingen bleven buiten de hereniging. In de jaren 1630 vond er binnen het Vlaamse segment wel een hereniging van een grotere orde plaats, maar de Groninger Oude Vlamingen hielden zich ook buiten dat verbond.

Het ging langzaam – het samengaan van groepen doopsgezinden nam soms lange jaren in beslag. Zo kwam in Sneek pas in 1640 een verbond tot stand tussen de Vlaamse gemeente en een grotere 'generale' gemeente die niet bij naam genoemd wordt. Gezien het algemene patroon ging het hier waarschijnlijk om een gemeente die bestond uit (Zachte) Friezen en Hoogduitsers. In Harlingen bleven de Vlaams/Hoogduitse groep en de Waterlanders tot in 1672 apart van elkaar bestaan, toen verenigden ze zich tot één gemeente. Die groepen werden eerst respectievelijk 'De Blauwe Schuur' en 'De Keet' genoemd, verwijzingen naar de schuilkerken die de doopsgezinden gebruikten in tijden van vervolging.

In 1664 voltrok zich de laatste belangrijke herschikking van doopsgezinden binnen de Republiek als geheel, als gevolg van een conflict in Amsterdam. Binnen de verenigde Fries/Vlaams/Hoogduitse gemeenten deed zich een splitsing voor tussen de liberalere Lamisten en de meer orthodoxe Zonisten. De aanleiding was de houding van de doopsgezinden tegenover de 'collegianten'.

Rond 1620, dus vlak na de Synode van Dordrecht, kwamen groepjes gelovigen van diverse pluimage bij elkaar die zich niet konden vinden in de contraremonstrantse rechtzinnigheid. Ze noemden deze bijeenkomsten 'colleges'. De nogal vrijzinnige aard van de colleges, met nadruk op verdraagzaamheid, naastenliefde en vrijheid van denken, maakte de bijeenkomsten aantrekkelijk voor zowel liberalere doopsgezinden als voor remonstranten. De afwijzing van de predestinatieleer, van

belijdenissen en van scherpslijperij sprak beide groepen aan.
Bovendien was er ruimte om andere theologieën en filosofieën
te verkennen en te bespreken. Er bleven echter ook verschillen

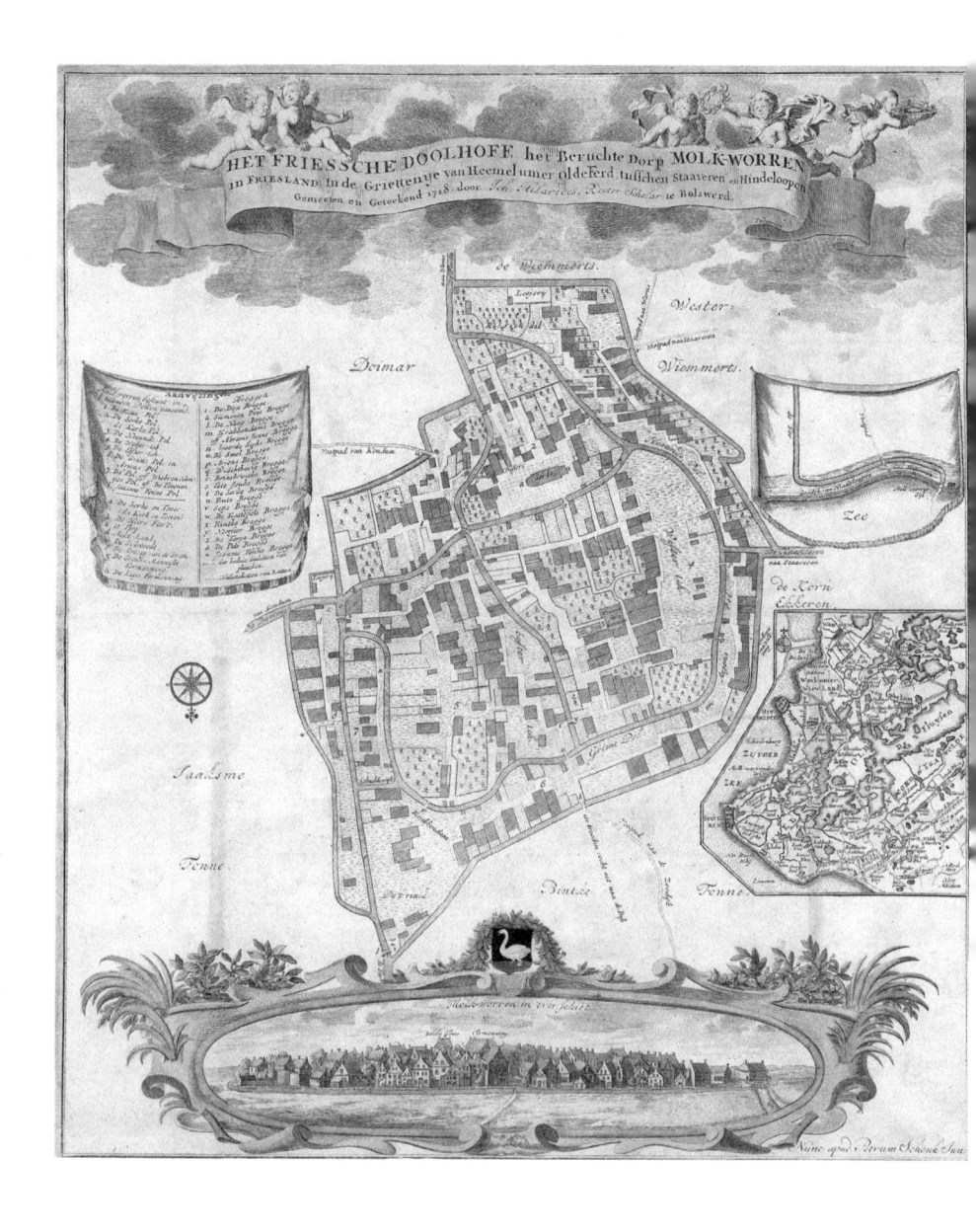

tussen remonstranten en collegianten. Het belangrijkste onderscheid tussen de bijeenkomsten van de collegianten en die van de latere remonstrantse kerk was dat de collegianten doop

92   Plattegrond van Molkwerum, de Molkwerumerzijl, kaartje van Hemelumer Oldeferd en gezicht op Molkwerum.

door onderdompeling praktiseerden. Ook vierden collegianten binnen de colleges het Avondmaal, dat opengesteld was voor iedereen, ongeacht de kerkelijke achtergrond.

De keerzijde van het Collegiantisme, in ieder geval voor diegenen die hechtten aan een duidelijke doperse identiteit, was dat het nogal vrijblijvend van aard was. Over alles mocht men in vrijheid spreken, hetgeen voor veel doopsgezinden net een stap te ver was: binnen het Collegiantisme bleef van het doopsgezinde uiteindelijk niets over. In meerdere plaatsen leidde dit in het midden van de zeventiende eeuw tot grote spanningen in doopsgezinde kringen. In Amsterdam ging het zover dat er een scheuring ontstond, die uiteindelijke leidde tot een herschikking binnen de gehele doopsgezinde groep. Het was een lang en ingewikkeld conflict. De uitkomst was dat de Verenigde Gemeente van Friezen, Vlamingen en Hoogduitsers uiteen viel in Lamisten (naar de naam van de Amsterdamse vermaning 'Het Lam') die meer ophadden met het Collegiantisme, en Zonisten (naar de naam van het pakhuis 'De Zon', waar ze bijeenkwamen) die veel meer hechtten aan de doopsgezinde identiteit. Tot een vereniging tussen collegianten en Lamisten kwam het na de scheiding echter niet. Na de splitsing in 1664 nam de voortrekker van de Lamistische richting, Galenus Abrahamsz. de Haan, langzamerhand afstand van de collegianten, zodat de Lamisten bewaard bleven voor de doopsgezinde beweging. Voor een hereniging was het echter te laat. Tegenover deze splitsing staat dan wel dat de Waterlanders, die tot dan toe buiten de herenigingen waren gebleven, nu samen verder gingen met de minder strenge Lamisten. De Zonisten gingen hun eigen weg.

De beweging van de collegianten, die haar oorsprong dus in Holland had, kreeg in de tweede helft van de zeventiende eeuw ook in Friesland aanhang. Evenals in Holland had de beweging vooral succes bij het meer welgestelde en beter opgeleide deel van de bevolking, doopsgezind en niet-doopsgezind, dat openstond voor nieuwe ideeën en filosofieën. In Friesland, bijvoorbeeld in Harlingen en Grouw, kwam het, net als in het westen van de Republiek, tot scheuringen binnen doopsgezinde groepen. Soms leidde dit tot twee verschillende doopsgezinde gemeenten, in andere gevallen vertrokken de collegianten onder de doopsgezinden naar de colleges. Binnen de Zuidwesthoek bestond in ieder geval in Molkwerum een college, hetgeen daar in 1696 leidde tot het vertrek van een van de doopsgezinde leraren, omdat deze tegen de wil van de gemeente het Collegiantisme bestreed. Ook Leeuwarden en Heerenveen kenden colleges. De uiteindelijke gevolgen zijn voor Friesland echter in verhouding zeer beperkt gebleven. Tot een grote, provinciewijde scheuring tussen Zonisten en Lamisten kwam het niet. Wel bleef de beschuldiging van Socinianisme, die de colleges en hun doopsgezinde aanhangers vaak – terecht of onterecht – ten deel viel, vaak hangen. De escalatie van die beschuldigingen vond in de achttiende eeuw plaats.

De omvang van de verschillende doopsgezinde richtingen in Friesland rond 1650

Na deze laatste splitsing bleven in de Republiek als geheel drie grote groepen over: Lamisten, Zonisten en Groninger Oude Vlamingen. Hiernaast bleef een aantal 'splintergroeperingen' bestaan, waarvan de activiteit en omvang in de loop der jaren terugliep. Deze splinters vinden we vooral in de strenge hoek. De grote verdeeldheid binnen de doperse gemeenschap zien we terug in een lijst van doopsgezinden in Friesland naar groepering uit 1666 (zie tabel 1.1), van de hand van Harlinger Claas Huiberts Braam. Deze lijst is gemaakt na de splitsing tussen Zonisten en Lamisten in Amsterdam, maar die groepen zijn hierin niet terug te zien.

De grootste groepering was die van de (verenigde) Vlamingen, Friezen en Hoogduitsers. We kunnen deze als middengroep beschouwen. De twee vleugels houden elkaar redelijk in evenwicht wat aantallen betreft. Aan de meer vrijzinnige kant vinden we de Waterlanders. Aan de andere, meer behoudende kant vinden we voornamelijk de van de Harde Friezen afgescheiden Janjacobsgezinden en de Groninger Oude Vlamingen

(Ukowallisten), aangevuld met Harde Friezen (Twisken) en wat overblijfsels van eerdere scheidingen.

De Waterlanders hadden in totaal tien gemeenten, verspreid over de hele provincie. Ook de Groninger Oude Vlamingen hadden tien gemeenten. De lokale verscheidenheid kon groot zijn. Bolsward had op een zeker moment in de zeventiende eeuw zelfs vier gemeenten van verschillende doopsgezinde stromingen. Vaak had een dergelijke verdeeldheid zuiver lokale oorzaken: een ruzie binnen de gemeente, of vermaners of oudsten die het niet met elkaar konden vinden. Tekenend voor het belang van de personen van de vermaners of lekenpredikers is wel dat in testamenten waarin aan een doopsgezinde gemeente wordt gelegateerd, deze gemeente vaak met de naam van de leider wordt aangeduid, en niet met die van de stroming. De tijd van de grote strijd tussen de verschillende stromingen was echter voorbij. Men ging nog niet dezelfde weg, maar bestreed elkaar allang niet meer met de heftigheid van de zestiende eeuw.

TABEL 1.1 Doopsgezinden in Friesland 1666

Denominatie	aantal broeders	%
Waterlanders	882	18,2
Vlaams/Fries/Hoogduits	2.885	59,4
Janjacobsgezinden	643	13,2
Ukowallisten (Groninger Oude Vlamingen)	245	5,0
Huiskopers (oorspronkelijke Oude Vlamingen)	39	0,8
Contrahuiskopers (oorspronkelijke Jonge Vlamingen)	15	0,3
Twiskvolk (Harde Friezen)	137	2,8
Eebe Wytsesvolk	10	0,2
Totaal	4.856	100,0

Geschatte omvang doopsgezinde groep (personen)	20.000
Omvang Friese bevolking	140.000 à 158.000
Percentage doopsgezinden	12,7 à 14,3

Voor de totale omvang van het doopsgezinde aandeel in de bevolking kan het totale aantal broeders met een factor van ongeveer vier vermenigvuldigd worden, als we uitgaan van evenveel gedoopte mannen als vrouwen en ongeveer twee ongedoopte kinderen per gezin. In totaal komen we dan uit op een kleine 20.000 doopsgezinden in Friesland. Dit is echter een schatting die op een aantal punten kan afwijken van de werkelijke situatie. We weten namelijk niet zeker of de gealimenteerden (dat zijn de armen die door de gemeenten financieel onderhouden werden en dus niet meebetaalden) zijn meegerekend in 1666. Als dit niet zo is dan valt het percentage doopsgezinden onder de Friese bevolking hoger uit. Bovendien is de werkelijke gemiddelde omvang van de huishoudens bij gebrek aan bronnen niet met zekerheid vast te stellen, wat het werkelijke percentage nog hoger of lager kan doen uitkomen.

De Tweede Engelse Oorlog

De hierboven besproken lijst van de hand van Claas Huiberts Braam zegt iets over de positie van de doopsgezinden in Friesland in het derde kwart van de zeventiende eeuw. Het doel van de lijst was namelijk om een verdeling te maken voor de lening die de Staten van Friesland specifiek aan de doopsgezinden vroegen als bijdrage in de kosten voor de Tweede Engelse Oorlog (1665-1667). In die periode van oorlog verminderde de druk op de doopsgezinden vanuit de radicale calvinistische hoek. De geloofsijver en bekeringsdrang van de calvinisten nam af, en wellicht begonnen ze het onvermijdelijke te accepteren; de dopers lieten zich gewoonweg niet uitvlakken en wegpesten én hun financiële bijdrage was zeer welkom. Hoewel de gereformeerde synodes de druk op de ketel probeerden te houden door de Staten met brieven en verzoekschriften te bestoken, was de overheid over het algemeen nog steeds niet genegen zich al te zeer met de religie te bemoeien. Een vreedzaam samenleven binnen de muren van de stad of binnen de grenzen van de grietenij was voor het gros van de bestuurders veel belangrijker dan het gelijk of ongelijk van de een of andere religieuze stroming. Dit gold niet alleen op lokaal niveau, maar ook op gewestelijke niveau.

De Gedeputeerde Staten van Friesland moesten in de tweede helft van de zeventiende eeuw weliswaar formeel de adviezen van de synode in acht nemen, maar als het op de praktische uitvoering aankwam gaven ze gewoonlijk niet thuis. Een poging van de synode in 1666 om doopsgezinden en katholieken uit te sluiten van het drukkersvak had geen enkel succes bij de Staten. Het was ook niet handig geweest om in een tijd dat het doopsgezinde geld nodig was voor de verdediging van het land, te proberen diezelfde groep maatschappelijk te isoleren. Formeel bleven er plakkaten bestaan tegen de doopsgezinden, maar in de praktijk werden de dopers met rust gelaten.

De eerder genoemde lening aan de Staten van Friesland in 1666 was een belangrijke stap in de emancipatie van doopsgezinden. De Staten vroegen om een bedrag van ongeveer 500.000 gulden tegen het gangbare rentepercentage van vier

Het verbranden van de Engelse vloot voor Chatham, 20 juni 1667.

procent. Hanteren we als vuistregel dat een gulden overeen kwam met 80 tot 100 euro in hedendaags geld, dan ging het om een bedrag van 40 tot 50 miljoen. Of het gehele bedrag is opgebracht, is uit de rekeningen van de gewestelijke ontvangers niet duidelijk op te maken, het kan bij 350.000 gulden zijn gebleven.

Als tegenprestatie voor deze bijdrage hoefden de doopsgezinden niet te voldoen aan de plicht om wapens te dragen bij de verdediging van de provincie. Ook werd hiermee voorkomen dat ze deel moesten nemen aan de oproep van de 'derde man', een soort gewapende burgerwacht waarbij een derde van de weerbare mannen moest assisteren bij de verdediging van het gewest.

Gulle gaven

Er werd ook op andere fronten dankbaar gebruik gemaakt van het principe 'voor wat hoort wat'. Wanneer het nodig was, waren de doopsgezinden niet te beroerd om de getoonde loyaliteit bij de Staten onder de neus te wrijven. In 1669 bijvoorbeeld protesteerden de doopsgezinde gemeenten van twaalf plaatsen in Friesland tegen een vonnis van het Hof van Friesland. Het Hof had de erfenis van Wanne Lieuwes en zijn vrouw uit Sneek toegewezen aan de diaconie van de Gereformeerde Kerk. Testamentair was echter door Wanne en zijn vrouw bepaald dat de erfenis naar de Sneker Verenigde Doopsgezinde Gemeente toe zou gaan. De vertegenwoordigers van die gemeente lieten de uitspraak van het Hof echter niet over hun kant gaan en vroegen om een herziening van het vonnis en een betere regeling. Als ze zich bij het eerste vonnis hadden neergelegd, dan zou dat kunnen hebben betekend dat in de toekomst alle testamentaire giften aan de neus van de doopsgezinden voorbij zouden zijn gegaan. Waarschijnlijk is dit geval echter meer een principekwestie geweest dan een kwestie van geld: Wanne Lieuwes en zijn vrouw ontvingen tijdens hun leven regelmatig aalmoezen van de doopsgezinde diaconie, dus heel rijk zullen ze niet zijn geweest.

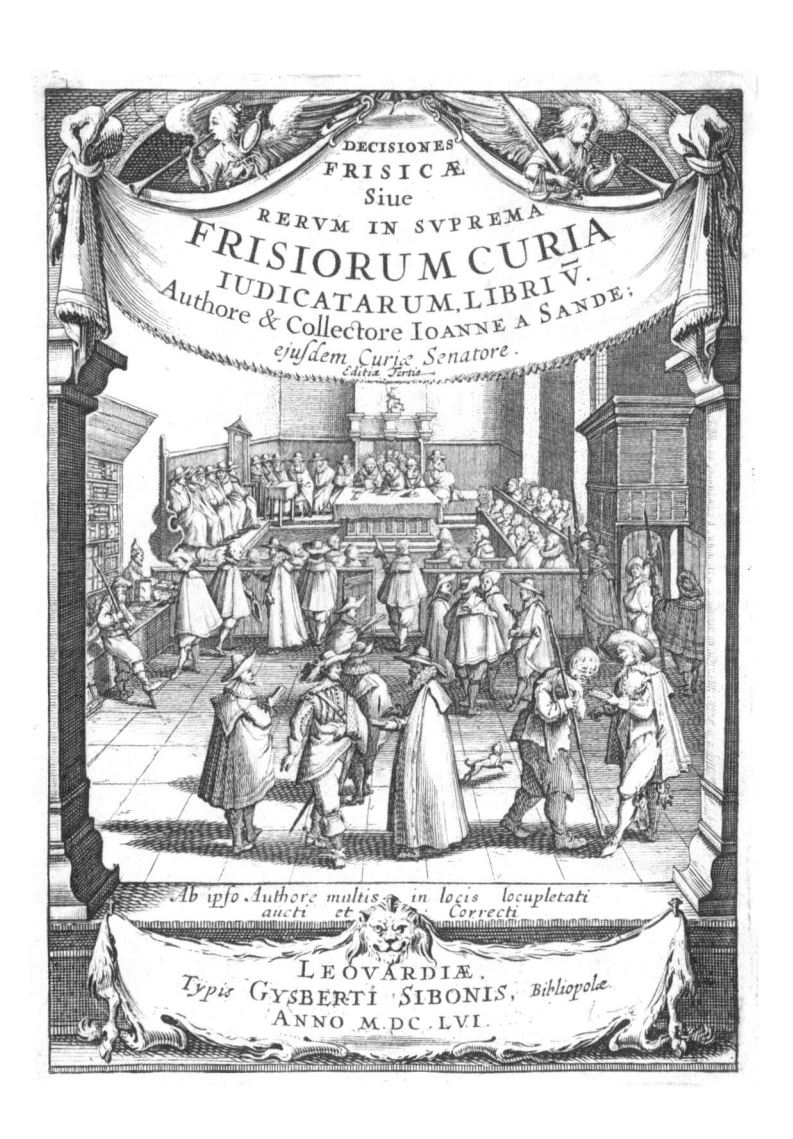

Uit de stukken rond deze zaak blijkt duidelijk dat er voor de doopsgezinden een direct verband bestond met de verschafte lening voor de oorlog: *Vertrouwende sij suplnten [indieners], dat sij bij alle staats lievende persoonen werden gehouden, voor goede getrouwe onderdanen ende ingeestenen die ook dienstelijk erkennen, dat sij onder de loffelijcke regeeringe van U. Ed. Mo. Vrij ende onverhinderlijck haere oeffeninge van Godsdienst mogen onderholden [...] sijnde oock in hoope, dat haere goetwilligheijt, ten versoecke van U. Ed. In den laesten*

99   Rechtszitting van het Hof van Friesland.

Engelschen [oorlog] ende ter begeerte van particuliere magistraten in den Bisschopsche oorlogh gepraesteert, alsmeede hun gedaene subsidien ende collecten ten diensten ende onderhout van Gereformeerde Armen, in IJrlant, sampt verdruckte in Savoijen en Piedmont gedaen, gunstelijck sullen worden erkent.

Uit het rekwest spreekt zelfvertrouwen dat het verzoek ingewilligd zal worden, gebaseerd op de doopsgezinde welwillendheid ten tijde van de oorlog, met als extra argument dat de doopsgezinden wel de gereformeerde armen en verdrukten ondersteunen, maar dat zij van die kant niets terugkrijgen. Het lijkt erop dat ze hier een goed punt hadden. Uit andere testamenten uit deze periode blijkt namelijk dat rijkere doopsgezinden die geld nalieten aan de armen van de doopsgezinde gemeente, ook vaak geld aan de gereformeerde diaconieën nalieten. Een paar voorbeelden: in 1663 vermaakte de trekschipper Jan Harmens uit Harlingen vijftig goudgulden, 70 gulden (een goudgulden was 1,40 gulden waard), aan de Janjacobsgezinden in Harlingen, en hetzelfde bedrag aan de kerkarmen van Bolsward en aan de 'gewone' armen van die stad.

100 Tekening van doopsgezinde vermaning in Workum, 1694.

Foockel Bauckes en haar eerste man Douwe Hannes uit Workum schonken in 1661 bij testament 50 gulden aan de gemeente van Jaijtie Fockes, 25 gulden aan de Waterlandse gemeente en een even groot bedrag aan de gereformeerde armen. Samen met haar tweede man Govert Douwes (1669) schonk ze 100 gulden aan de gemeente van Dirk Jansen en Ocke Fetties, 50 gulden aan de gereformeerde armen en hetzelfde bedrag aan de stadsarmen.

Jacop Alberts en Pierck Doijties vermaakten een derde deel van hun nalatenschap aan Lolle Sijbolts, Douwe Abes en Age Lolles 'in hun qualiteit'. Wat die kwaliteit was wordt niet benoemd, maar uit andere bronnen weten we deze drie mannen ouderlingen van de doopsgezinde gemeente in Workum waren. Nog een derde deel van de erfenis zou ook naar de doopsgezinde gemeente gaan, als de aangewezen erfgenamen zonder kinderen zouden overlijden. Voor het laatste derde deel was een vergelijkbare constructie voor de geformeerde gemeente gemaakt. Deze gemeente kreeg naast dit voorwaardelijk deel van de erfenis een legaat van 25 gulden, het weeshuis van de stad 50 gulden.

Het duurde uiteindelijk tot 1672 voordat er officieel legaten aan doopsgezinde instellingen werden toegestaan. Het is denkbaar dat de giften aan andere groeperingen en instanties voor 1672 zoals hierboven beschreven een soort afkoopsom waren om te voorkomen dat er procedures tegen de geschonken legaten werden aangespannen. Feit blijft dat de ongelijkheid op dit vlak als achterstelling moet zijn gevoeld.

Voor wat hoort wat

Na de financiële steun in de Tweede Engelse Oorlog stelden de doopsgezinden ook in het rampjaar 1672 aanzienlijke bedragen – opnieuw in de vorm van verplichte leningen – beschikbaar om de landsverdediging te ondersteunen. Gedeputeerde Staten vroegen maar liefst 400.000 gulden om de oorlogsvoering mede te kunnen financieren. Na onderhandelingen tussen

Gedeputeerde Staten en een doopsgezinde delegatie lijkt het bedrag uiteindelijk op 200.000 gulden uitgekomen te zijn.

De doopsgezinden kregen als 'beloning' voor het verschaffen van deze lening het actief kiesrecht. Dit betekende dat wanneer ze beschikten over goederen waaraan het kiesrecht was verbonden, ze dit kiesrecht ook daadwerkelijk mochten uitoefenen. Ter verduidelijking: Op het platteland was het stemrecht gekoppeld aan het bezit van een 'stemhebbende' plaats of boerderijkavel, maar doopsgezinden met dergelijke bezittingen waren tot dan toe uitgesloten van stemmingen. Verder ontvingen ze opnieuw vrijstelling van de wapendienst, een bevestiging van het recht dat ze in 1666 al hadden verkregen. Wat betreft

102 Doopsgezinde kerk Hindeloopen gebouwd in 1653.

het actieve kiesrecht: in de praktijk oefenden de doopsgezinden dit vaak al uit, als we tenminste de klachten daarover van de Gereformeerde Synode mogen geloven. Zeker bij lokale benoemingen, zoals die van schoolmeesters, lijkt er vaak een oogje dicht te zijn geknepen wanneer niet-gereformeerden – meestal doopsgezinden maar soms ook katholieken – meestemden onder het mom van de destijds gebruikte term 'liefhebber van de ware religie'.

Dat de Friese doopsgezinden in de onderhandelingen over het verschaffen van de lening het actief kiesrecht hebben gekregen, wijst er op dat in ieder geval een aantal van hen op dat moment de behoefte had om via dit specifieke recht invloed uit te oefenen op het bestuur. Wellicht was dit een bewuste stap naar een mogelijke politieke gelijkstelling binnen de Friese samenleving, met ook de beschikking over het passief kiesrecht en het bekleden van meer functies binnen het openbare bestuur. Of deze stap inderdaad zo bewust of berekenend was is echter niet vast te stellen.

De bedragen die in 1666 en 1672 aan de Staten van Friesland werden verschaft wijzen erop dat de welvaart onder de doopsgezinden aanzienlijk was. Een andere aanwijzing voor die welvaart is ook dat er vanaf 1625 de nodige nieuwe of sterk verbeterde kerken gebouwd konden worden – door de doopsgezinden 'vermaningen' genoemd. Deze vermaningen werden verplicht zo'n tien meter achter de rooilijn gebouwd; vanwege de gedoogsamenleving mochten de doopsgezinden hun geloof niet zichtbaar uitoefenen. De behoefte aan meer eigen kerken nam toe doordat de toenadering tussen verschillende groepen voor ruimtegebrek zorgde in de bestaande (schuil)kerken, en er was voldoende geld om vermaningen te bouwen. De grootste doopsgezinde vermaning van die tijd, uit 1653, stond in Hindeloopen. De Gereformeerde Synode zou de Gereformeerde Synode niet zijn geweest als ze ook op dit punt niet geprobeerd had de doopsgezinden dwars te zitten. Men vroeg om bouwverboden en zelfs om het slopen van pas gebouwde vermaningen, maar zonder enig resultaat.

Rijken en armen

Uit diverse belastingkohieren en boedelinventarissen weten we dat doopsgezinden vaak tot het rijkste deel van de stedelijke samenlevingen in Friesland, vaker dan we op grond van hun aandeel in de bevolking zouden mogen verwachten. Een dwarsdoorsnede van de bevolking, zoals in de zestiende eeuw, was de groep al lang niet meer. De doperse rijkdom was het resultaat van een sober leven, en van een groot vertrouwen dat ze als groep in de samenleving als eerlijke handelaren en kooplieden hadden weten te verwerven. De verworven rijkdom was echter ook een van de verlokkingen om af te wijken van het pad der eenvoud. De sobere leefwijze werd steeds moeilijker te handhaven, en waar ze wel in stand bleef leidde het gemakkelijk tot verwijten van hypocrisie. Wanneer en waar de omslag naar een mindere sobere levensstijl zich heeft voorgedaan is moeilijk te bepalen. Zeker is dat het al speelde bij de scheiding tussen Friezen en Vlamingen in de tweede helft van de zestiende eeuw. Per plaats en per richting zal het ook verschillend geweest zijn. De Groninger Oude Vlamingen, een van de meest behoudende groepen, hield er tot ver in de achttiende eeuw strenge kledingvoorschriften op na, die toen overigens al steeds minder werden gevolgd.

Aanzienlijk bezit en vermogen was dus zeker aanwezig en in sommige gevallen kunnen we spreken van grote rijkdom. Claes Bottes uit Sneek die begin jaren 1630 stierf, bezat 48.000 gulden. Hanteren we ook hier als vuistregel dat een gulden ongeveer 80-100 euro geweest is, dan was hij meervoudig miljonair. Engeltje Oosterhout gaf in 1672 aan over een vermogen van 125.000 gulden te beschikken. In beide gevallen gaat het om leden van families die een belangrijke rol speelden in de Verenigde gemeente in Sneek. En dan hebben we het nog niet over Harlingen, waar Claas Freerks Braam, in 1672 met een vermogen van 200.000 gulden veruit de rijkste inwoner van de stad was – hij zou tegenwoordig een vermogen van 16 tot 20 miljoen hebben gehad. Waarmee de kapitalen verdiend zijn is niet altijd te achterhalen. De algemene term 'koophandel' dekt waarschijnlijk een deel van de lading, waarbij de invulling per plaats kan verschillen: van boterhandel in Sneek tot handel op de Oostzeelanden in de steden aan de Zuiderzeekust. Verder weten we dat ze in nijverheid actief waren zoals de (zaad)olieproductie en zich bezig hielden met het verstrekken van leningen en hypotheken.

In hoeverre er van het oude, strenge doopsgezinde gedachtegoed, afscheid werd genomen verschilde per richting en per plaats. Naast de kwestie van de materiële cultuur, de levensstijl, zien we gedurende de hele zeventiende eeuw bijvoorbeeld ook dat er regelmatig gemengde huwelijken tussen doopsgezinden en gereformeerden werden gesloten – natuurlijk uitsluitend bij de 'middengroep', niet bij de strenge Harde Friezen of de Oude Vlamingen. Of dit verschijnsel beperkt was tot de maatschappelijke bovenlaag waarover we de meeste informatie hebben, of dat het gold voor de totale groep doopsgezinden is niet geheel duidelijk. Evenmin is duidelijk of de gemengde huwelijken aan de getalsmatige achteruitgang van het totale aantal doopsgezinden hebben bijgedragen.

Als we naar bezittingen van de rijke doopsgezinden in Harlingen kijken, dan zien we dat ze er vanaf de late zeventiende eeuw een levensstijl op na hielden die weliswaar niet al te uitbundig was, maar waarbij ze zeker niet aarzelden om de verkregen rijkdom te tonen. Vooral waar het om de hoogtepunten in het leven ging, zoals geboorte en huwelijk, deed men niet onder voor de rijken van andere denominaties. Ook de inventarissen van welgestelde doopsgezinden van de gematigde richting in Workum laten zien dat aan het einde van de zeventiende eeuw al heel wat van de oorspronkelijke eenvoud was verdwenen. Vooral de verzamelingen zilver getuigen hiervan.

De hier geconstateerde toenemende spanning tussen een uitbundiger levensstijl en een geloof dat eenvoud voorschreef werd in de zeventiende eeuw niet alleen door de doopsgezinden gevoeld, maar ook door hun omgeving geconstateerd. Verwijten van hypocrisie waren daarom niet ongewoon, al of niet door afgunst ingegeven. De zeventiende eeuwse literatuur kent er talloze voorbeelden van.

Tegenover de grote rijkdom die sommigen hadden weten te verwerven stond echter ook binnen de doopgezinde gemeenschap grote armoede, bijvoorbeeld bij wezen die niet in een breder familieverband konden worden opgevoed en grootgebracht. In de steden was het oorspronkelijk zo dat de stadsbesturen verantwoordelijk waren voor het onderhoud van de armen en de wezen, los van hun kerkelijke staat. In de zeventiende eeuw veranderde die situatie, doordat de gereformeerde diaconie verantwoordelijkheid nam voor de eigen armen. De stedelijke armenzorg nam de zorg voor de rest van de armen op zich, soms met wat extra ondersteuning van de andere kerkelijke gezindten. In het laatste kwart van de zeventiende eeuw kwam ook hierin verandering. In Harlingen ging het initiatief uit van een van de doopsgezinde groepen. De 'Blauwe Schuur' gemeente (Vlaams/Hoogduits) vroeg in 1669 aan het stadsbestuur om voortaan haar eigen wezen te mogen onderhouden, in plaats van deze in het stedelijke weeshuis op te nemen. In 1671 ging het stadsbestuur akkoord. Twee jaar later, na de vereniging van de 'Blauwe Schuur' met de Waterlandse 'Keet', gold de regeling voor bijna alle doopsgezinde wezen in Harlingen. De regeling had een wellicht onbedoeld maar niettemin gunstig bij-effect: bij de overeenkomst was de doopsgezinde gemeente als rechtspersoon in contact getreden met het stadsbestuur, en door het sluiten van de overeenkomst was de gemeente als rechtspersoon erkend. Hierdoor kon men in de toekomst een beroep doen op belastingvrijstellingen en andere voorrechten waar de stedelijke en gereformeerde wees- en armenhuizen al van oudsher van konden profiteren.

Nieuwe samenwerking: de Friese Doopsgezinde Sociëteit

De geldleningen, die door de doopsgezinden als groep werden verstrekt aan de overheid en die door henzelf over de verschillende gemeenten werden omgeslagen, zullen het besef van gemeenschappelijke wortels en gemeenschappelijke belangen hebben versterkt. De contacten tussen gemeenten die tot verschillende stromingen behoorden kregen daarom een meer formele status met de oprichting van de Friese Doopsgezinde Sociëteit (FDS) in 1695 – het eerste overkoepelende orgaan sinds het begin van de doopsgezinde beweging. Het initiatief kwam uit Harlingen. Het besef van gemeenschappelijkheid kreeg wellicht nog een extra impuls door de vragen om steun van vervolgde dopers in het buitenland. Hiernaast verkeerde een aantal gemeenten in financiële nood waar het ging om het verzorgen van de 'predikdienst', de door een vermaner geleidde zondagse samenkomst. Hoewel er pas in de achttiende eeuw betaalde predikanten werden aangesteld, blijkt er ook daarvoor in sommige gevallen al sprake te zijn geweest van betaalde diensten. Vanuit de Sociëteit kregen deze gemeenten financiële ondersteuning om het hoofd boven water te houden. Als contributie voor de Sociëteit gold een bedrag van drie stuivers (zo'n vijftien euro) per niet-gealimenteerd gemeentelid – dus met uitzondering van de armen die door de gemeente werden onderhouden. Een tweede bron van inkomsten waren de renten van enige omvangrijke erfenissen. Dat er erfenissen werden nagelaten aan de Sociëteit is een duidelijk teken dat er een groot draagvlak bestond voor de activiteiten van de Sociëteit.

Van ver- of hereniging van alle doopsgezinden was echter nog lang geen sprake. Sommige groeperingen zoals de Janjacobsgezinden en de Groninger Oude Vlamingen bleven geheel buiten het verband van de Sociëteit. Aan de andere kant traden de Vlaamse en Waterlandse gemeenten zonder uitzondering toe, ook uit de plaatsen waar beide stromingen een eigen gemeente hadden. Een dergelijke eensgezindheid was mogelijk door de opstelling van de Sociëteit om geen leerstellige uitspraken te doen of zich met de eredienst als zodanig te bemoeien. Hierdoor kon zij effectiever opereren. Slechts waar sprake was van conflicten binnen een gemeente trad de Sociëteit naar voren, met als doel de strijdende partijen weer tot elkaar te brengen. Verder bemiddelde de Sociëteit tussen gemeenten die in conflict raakten over de verzorging van armen.

De doopsgezinde stand van zaken aan het einde van de zeventiende eeuw

De doopsgezinden hebben in de zeventiende eeuw manhaftige pogingen gedaan om de eenheid binnen hun religie te herstellen. Net als in de voorgaande eeuwen waren de successen wisselend. Succesvoller was de weg naar maatschappelijke acceptatie door bijvoorbeeld de verkregen beschikking over het actief kiesrecht. Daarmee werd de weg enigszins vrijgemaakt voor een verdere emancipatie, maar het zou nog bijna een eeuw duren voordat de doopsgezinden een volwaardige bevolkingsgroep werden.

Aan het einde van de zeventiende eeuw waren er in de Republiek nog drie hoofdstromingen over. De gematigd conservatieve Zonisten waren de grootste doopsgezinde groep in de Republiek. De Lamisten die we, enigszins anachronistisch, als liberaal kunnen beschouwen, waren qua omvang de tweede groep. Zij stonden ook open voor dissenters zoals de Collegianten. De stroming van de Oude Vlamingen was de grootste groep in een lappendeken van meer of minder conservatieve gemeenten – gemeenten die elk op hun eigen wijze vorm probeerden te geven aan het gedachtegoed van Menno Simons.

Voor Friesland is het onderscheid tussen Zonisten en Lamisten niet erg bruikbaar, omdat daar de scheidingen die in Holland een spoor door de doopsgezinde wereld trokken veel minder heftig waren. Wel kende Friesland zijn eigen afsplitsingen. Zo vinden we bijvoorbeeld verschillende soorten Harde Friezen voor wie de Oud Vlaamse richting nog niet streng genoeg was. Elke grove indeling doet overigens slechts in beperkte mate recht aan de werkelijke verhoudingen. Door de grote mate van zelfstandigheid van de individuele gemeentes konden er grote verschillen bestaan tussen gemeenten die in naam tot dezelfde stroming behoorden. Wel leidde de samenwerking binnen de Friese Doopsgezinde Sociëteit er mede toe dat gemeenten in de achttiende eeuw langzaam maar zeker naar elkaar toe groeiden.

HOOFDSTUK 5

De eerste helft van de achttiende eeuw: veranderende tijden?

De geschiedenis van de doopsgezinden in Friesland in de achttiende eeuw is moeilijk onder een noemer te vatten. Aan het einde van die eeuw manifesteren doopsgezinden zich steeds meer in alle facetten van het openbare leven. Na 1780, het jaar waarin de op politieke en maatschappelijke hervorming gerichte patriottenbeweging voor het eerst van zich liet horen, waren de dopers niet meer uit het publieke domein weg te denken. De weg daarnaartoe was echter lang en kronkelig. Net als in de zeventiende eeuw kregen de doopsgezinden ook in de achttiende eeuw wederom een aantal keren beschuldigingen van ketterij voor hun kiezen. Die beschuldigingen betroffen steeds het socinianisme, een stroming die, in navolging van de Italiaan Faustus Socinus (1539-1604) de Heilige Drie-eenheid afwees en daarmee de goddelijk natuur van Jezus Christus verwierp. Centraal staat hierin de 'affaire Stinstra', de vervolging van de Harlinger predikant Johannes Stinstra (1708-1790) wegens vermeende sociniaanse sympathieën. Nu speelde de problematiek rond het socinianisme al sinds het laatste kwart van de zeventiende eeuw, toen gereformeerde predikanten probeerden diverse doopsgezinden in een kwaad daglicht te stellen, onder andere met deze beschuldigingen. De in die tijd opgerichte Friese Doopsgezinde Sociëteit trachtte de doopsgezinde krachten te bundelen en een vuist te maken tegenover de fanatieke predikanten en een wankelmoedige overheid. De affaire Stinstra werpt daarbij zowel licht op de positie van de doopsgezinden in Friesland in de achttiende eeuw als op de plaats die de Friese Doopsgezinde Sociëteit binnen Friesland innam.

De affaire Stinstra, die speelde van 1741 tot 1757, was slechts een van de verwikkelingen in de doopsgezinde gemeenschap. Veel meer was de achttiende eeuw een tijd waarin de doopsgezinden hun oude verenpak afschudden, zonder dat er overigens veel nieuws voor in de plaats kwam. Drie aspecten illustreren dit. Het eens zo belangrijke principe van geweldloosheid kwam onder druk te staan. Niet omdat de overheid dit afdwong, maar omdat de dopers er zelf steeds minder belang aan hechtten. Ten tweede werd de behoefte steeds sterker om op maatschappelijk gebied een grotere rol te spelen, en zowel in politiek als cultureel opzicht meer invloed uit te oefenen. Een derde element was dat de 'wereldmijding', waarbij het leven binnen de eigen doperse gemeenschap centraal stond, op de achtergrond raakte. Hierdoor onderscheidden de dopers zich steeds minder van hun omgeving, hoewel ze als groep een eigen profiel behielden. Het verlangen en het streven naar participatie en emancipatie, dat in de kern al aan het einde van de zeventiende eeuw aanwezig was, nam in kracht toe, waardoor de bijdrage van dopers aan de samenleving groter en zichtbaarder werd.

Daarnaast bleek de doopsgezinde gemeenschap een economisch machtige groep in de samenleving te zijn, een groep die hard op de deur klopte om die economische positie in politieke invloed om te zetten. Dit bleek voor het eerst in 1748 toen een sterke anti-regeringsbeweging op gang kwam, de Doelistenbeweging, die een eind wilde maken aan de ergste misstanden in het openbaar bestuur, vooral met betrekking tot de inning van de belastingen. De betrokkenheid van de doopsgezinden bij deze beweging zal in het tweede deel van dit hoofdstuk uitgebreid aan de orde komen. Ondanks de goede intenties strandde de Doelistenbeweging, enerzijds doordat de stadhouder uiteindelijk van geen wijken wilde weten, anderzijds doordat de beweging verdeeld raakte.

De tijd na 1748 is dan vooral een periode van stilstand, waarin het stadhouderlijk regime de bestaande wantoestanden, zoals het verkopen van publieke functies, ongemoeid liet. Hierdoor zwol de algemene onderstroom van ontevredenheid langzaam maar zeker aan, niet alleen onder de doopsgezinden, maar in de gehele samenleving. De werkelijke kracht hiervan

111   Portret van Willem Karel Hendrik Friso van Oranje-Nassau (Willem IV).

kwam pas na 1780 aan de oppervlakte, toen door de economische crisis als gevolg van de Vierde Engelse Oorlog (1780-1784), de steun voor het stadhouderlijk bewind zich vrijwel beperkte tot degenen die op een of andere wijze van dit bewind profiteerden; mannen die voor banen en andere voorrechten volledig van de stadhouder afhankelijk waren.

In dit vierde hoofdstuk staan de veranderingen binnen de doopsgezinde beweging centraal – veranderingen die enerzijds het oorspronkelijke karakter van de beweging aantastten, maar aan de andere kant ook openingen voor maatschappelijke gelijkstelling boden.

Veranderingen in structuur

In de eerste helft van de achttiende eeuw is op meerdere gebieden een duidelijke omslag binnen de doopsgezinde gemeenschap te merken. De oorsprong hiervan lag al in de zeventiende eeuw zoals we in het vorige hoofdstuk zagen. Een kleinere aanhang, een betere organisatie, afnemende strengheid en grotere rijkdom, het waren ontwikkelingen waarvan de gevolgen steeds zichtbaarder werden. De grote verscheidenheid verdween, men trad meer als groep op, en in uiterlijk onderscheidden ze zich nog bij uitzondering van de rest van de samenleving. Een bijkomende belangrijke verandering was de professionalisering van het 'ambt', de betrekking van doopsgezinde voorgangers. De leiding van de verschillende gemeenten berustte vanouds bij het college van oudsten, vermaners en diakenen. Het vinden van goede mannen die deze taken – naast hun gewone beroep en onbezoldigd – konden en wilden uitoefenen was echter niet eenvoudig. De rollen van de oudsten, die oorspronkelijk meer regionaal werkzaam waren als adviseurs van gemeenten, en die van de lekenpredikers – de vermaners – kwamen steeds dichter bij elkaar te liggen. Uiteindelijk werden die functies verenigd in het ambt van leraar, de titel die in de zeventiende eeuw de doopsgezinde pendant vormde van 'predikant' of 'dominee', twee benamingen voor gereformeerde voorgangers die in de achttiende eeuw ook in doopsgezinde kringen steeds meer ingang vonden. Aan het einde van de zeventiende eeuw vormden de leraar, samen met de diakenen de kerkenraad, waarbij de leraren de zondagse diensten leidden. Uitzondering waren de Oude Vlamingen; bij hen bleef het ambt van oudste tot aan het begin van de negentiende eeuw bestaan.

Boekhouders die voor de financiële administratie zorgden en diakenen die de armenzorg bestierden waren wel te vinden. Omdat een deel van de broeders tot de economische top in de Friese steden hoorde, en ook op het platteland de nodige kooplieden lid waren van de doopsgezinde gemeenten, was de financiële administratie van de gemeenten over het algemeen in goede handen. Lastiger was dat met de leraren. Niet iedere gemeente had mannelijke leden met de juiste retorische capaciteiten en/of inhoudelijke kennis, die de rol van voorganger in de diensten op zich konden nemen. Met de verdere (intellectuele) ontwikkeling van de gemeenteleden was namelijk ook de lat wat betreft de inhoud van de diensten aan het begin van de achttiende eeuw hoger komen te liggen dan in de tijden van vervolging. Toen was een stichtelijk woord of een gedreven hart onder de riem van een medebroeder voldoende, maar in de achttiende eeuw voldeed dit niet meer. Daarom gingen gemeenten actief op zoek naar mannen met én kennis van zaken én een heldere spreekstijl, die bereid waren als betaalde leraar aan het werk te gaan. Ook de landelijke opbouw van een kweekschool of seminarium voor de opleiding van predikanten (de termen predikant, dominee en leraar werden door elkaar gebruikt, soms naast het oudere vermaner) past in deze ontwikkeling. Deze kweekschool kwam in 1735 in Amsterdam tot stand, met de uit Harlingen afkomstige Tjerk Nieuwenhuis als eerste hoogleraar. Het curriculum was overigens veel breder dan we misschien van een predikantenopleiding verwachten. Ook zaken als algemene natuurwetenschappen maakten deel uit van de onderwezen vakken. In Workum vinden we de eerste 'gestudeerde' leraar in 1738, in Leeuwarden in 1750, en langzamerhand kregen alle gemeenten een 'echte', opgeleide predikant.

De kwaliteit van het geestelijk onderricht aan de gemeente ging hierdoor zeker vooruit, maar de keerzijde was dat de betrokkenheid van de leden bij de toestand van de gemeente verschoof van het geestelijke naar het materiële: de financiële instandhouding van de gemeente. De predikant zorgde nu voor de geestelijke voeding. Omdat de predikanten vaak sterk door Verlichtingsdenkbeelden beïnvloed waren, leidde de professionalisering overigens eerder tot een verschraling dan tot een verdieping van de oorspronkelijke geloofswaarden. Wel droeg deze ontwikkeling bij aan de belangrijke rol die doopsgezinden speelden bij de verspreiding van die Verlichtingsdenkbeelden. Door de ontstaansgeschiedenis van het ambt van de bezoldigde doopsgezinde leraar had deze een andere status dan de gereformeerde dominees. Die waren er vrijwel vanaf het begin van de gereformeerde kerk en vervulden daarbinnen een leidersfunctie. Bovendien speelden zij een prominente rol in de calvinisering van de samenleving. De leraren daarentegen waren meer dienaren dan herders van de kudde. Door het uitgangspunt van het priesterschap van alle gelovigen was de leraar slechts een gelijke onder gelijken, in de doopsgezinde gemeenschap kon niemand boven een ander staan. Tegelijkertijd ontstond er echter ook een soort 'wie betaalt bepaalt'-houding – zeker in de achttiende eeuw – waardoor de dienende rol van de leraar nog eens werd benadrukt.

De financiering van de leraar kon van plaats tot plaats sterk verschillen. Soms gebeurde het door middel van een hoofdelijke omslag naar vermogen onder de gemeenteleden. In andere gevallen werd er eenmalig door de gemeente een groot bedrag opgebracht, waarbij dan vervolgens de leraar uit de rente van de geïnvesteerde penningen kon worden betaald. Dat de groep van leraren steeds meer professionaliseerde betekende echter ook dat er een strijd tussen gemeenten ontstond om de besten binnen te halen. Hierbij schuwden kerkenraden financiële prikkels niet.

Ondanks deze structurele veranderingen – en nog los van de eerder genoemde veranderde houding ten opzichte van overheidsfuncties en tegenover het gebruik van geweld – bleef een aantal vaste overtuigingen stevig overeind. Mede door toedoen van de Friese Doopsgezinden Sociëteit bleef het groepsgevoel bestaan en konden de doopsgezinden, net als ten tijde van het Rampjaar 1672, nog steeds als één man opstaan wanneer er het gevoel bestond dat vrijheden onder druk werden gezet. Een beter voorbeeld dan de affaire Stinstra is er in Friesland niet te vinden.

Het socinianisme

Hierboven duidden we de problemen aan die ontstonden doordat naast andere vrijzinnigen sommige dopers er van verdacht werden het gedachtegoed van Faustus Socinus aan te hangen. De kern van het socinianisme en het grootste twistpunt voor de gereformeerden was het afwijzen van de goddelijke natuur van Jezus Christus en daarmee ook de Heilige Drie-eenheid. Christus, zoals Socinus stelde, was een mens met bijzondere eigenschappen maar geen God(-heid). Door zijn leven op aarde toonde hij de weg naar het eeuwige leven, maar zijn dood bracht geen verlossing van alle zonden – zoals het overgrote deel van de christenen wel gelooft. Rechtvaardigmaking – het proces waarbij de zondige mens verlost wordt van schulden en een gerechtvaardigde wordt die God kan kennen – kwam uit het geloof, maar het geloof alleen was niet voldoende. De gelovige moest ook leven naar de regels zoals deze in de Tien Geboden en het Nieuwe Testament waren geopenbaard. De mens had hiermee in principe de (keuze-)mogelijkheid Gods wil, zoals in het Evangelie bekend gemaakt, te volbrengen. Naast de bijzondere opvatting over de Goddelijke natuur van Christus en de Drie-eenheid verschilde dit standpunt dus ook van de gereformeerde leer door de afwijzing van de predestinatieleer, maar dat was niet het belangrijkste punt waar de gereformeerde dominees zich op richtten bij de bestrijding van de socinianisten.

Nu waren er in de vroege doopsgezinde beweging twee stromingen te onderkennen ten opzichte van de Heilige Drie-eenheid: die van Menno Simons en die van Adam Pastor. Menno Simons had de Drie-eenheid en de Goddelijke natuur van Christus niet ter discussie gesteld. Adam Pastor die dit wel deed, werd tijdens het leven van Menno gebannen, zoals we in het tweede hoofdstuk zagen. Het belangrijkste element van Socinus' denken maakte dus geen deel uit van de op Menno gebaseerde doperse traditie, maar stond niet ver af van groepen die zich al in Menno's tijd van de beweging hadden afgescheiden. Door vele herschikkingen binnen de doopsgezinde gemeenschap slopen de twijfels ook binnen bij groepen die van origine hun inspiratie bij Menno hadden gevonden. Andere elementen van Socinus' leer – onder meer de nadruk op een godvruchtig leven, de verwerping van de predestinatie en het erkennen van de menselijke vrije wil – sloten nauw aan bij het gedachtegoed van alle doperse stromingen. Deze elementen tezamen maakten doopsgezinden tot een perfect doelwit voor aantijgingen van socinianisme.

Opleving van vervolging

Waar de algehele houding van de overheid, en zelfs van de gereformeerde predikanten ten opzichte van de doopsgezinden in de loop van de zeventiende eeuw toegevender werd, was dit ten opzichte van het socinianisme bepaald niet het geval. Het loochenen van de Goddelijke natuur van Christus haalde in de optiek van de gereformeerden het fundament van het geloof weg, en gedachten in deze richting moesten met wortel en tak worden uitgeroeid. Twijfel aan deze Goddelijke natuur was al verdacht, en dat deze twijfel bij sommige doopsgezinden bestond stond buiten kijf. Hoe streng het eraan toe kon gaan ondervond de Harlinger boekverkoper Simon Bonck in 1680. In zijn boekwinkel waren sociniaanse geschriften gevonden. Een gereformeerde predikant speelde dit door aan de magistraat.

Portret van de theoloog Fausto Paolo Sozzini.

De geschriften werden verbrand en Bonck werd in het tuchthuis opgesloten.

Ook smid en vermaner Foeke Floris uit Surhuisterveen werd slachtoffer van vervolging. In 1683 werd Floris na een predikbeurt in Grouw door de plaatselijke predikant Franciscus Elgersma van socinianisme beschuldigd. Nadat de Staten van Friesland in eerste instantie niets met de beschuldiging deden, vond Elgersma het nodig deze in 1685 op schrift te stellen en uit te geven. Hij beschuldigde niet alleen Floris, maar doopsgezinden in het algemeen van socinianisme. Floris' op schrift gestelde verdediging van zijn positie had een averechts effect. Zijn verdediging werd een verboden boek, en ook hij belandde in het tuchthuis. Uiteindelijk mocht hij van geluk spreken dat hij er 'slechts' met een verbanning af kwam. Het had ook op een gevangenisstraf kunnen uitdraaien. Hij kon zich vestigen in het Hollandse Oost-Zaandam, waar hij opnieuw als vermaner optrad. De aanhang van Floris, later onder leiding van Jan Klaasz, was verantwoordelijk voor de scheuring in de gemeente in Grouw onder invloed van het collegiantisme, die in het vorige hoofdstuk aan de orde kwam.

Aanvankelijk gingen de Staten van Friesland niet zo ver als overheden in andere gewesten, waar doopsgezinde voorgangers werden gedwongen een twaalftal artikelen te ondertekenen, waarmee ze stelling moesten nemen tegen het socinianisme. In 1722 was het echter ook in Friesland zover. Wat precies de aanleiding is geweest voor de gereformeerde synode – want daar lag opnieuw het initiatief tot de vervolging – om het socinianisme zo fanatiek te bestrijden, is niet helemaal duidelijk. Wellicht was het optreden van een doopsgezind leraar in De Knijpe bij Heerenveen in 1719 de oorzaak. De man werd door de grietman van Schoterland, op aangeven van de classis, geschorst wegens sociniaanse denkbeelden. Hoe dan ook, om te voorkomen dat zich onder de doopsgezinden sociniaanse predikanten zouden vestigen, meende de gereformeerde synode dat het goed zou zijn dat de doopsgezinde predikanten, door ondertekening van een formulier, zich zonder mitsen en maren van sociniaanse dwalingen zouden distantiëren. Dat zou in ieder geval voorkomen dat ze de eenvoudige gelovigen zouden overhalen tot deze ketterij.

Tegen zoveel goede bedoelingen van de synode waren Gedeputeerde Staten niet bestand en ze gingen voor de verandering mee in de lijn van de synode. Op 10 oktober 1722 werd het besluit uitgevaardigd dat alle doopsgezinde predikanten een formulier moesten ondertekenen. Daarin stonden vier (op gereformeerde wijze geformuleerde) stellingen over de Drievuldigheid en – daaruit volgend – over de goddelijke natuur van Christus en diens rol bij het ontvangen van genade. De straf voor hen die niet wilden ondertekenen was streng: weigeraars kregen met onmiddellijke ingang een verbod om het leraarsambt te vervullen.

Zoals zo vaak had dwang een averechts effect. De doopsgezinde leraren weigerden en masse het formulier te ondertekenen. Dit gold niet alleen voor de in de Friese Doopsgezinde Sociëteit verbonden Vlamingen en Waterlanders, maar ook voor de strenge Janjacobsgezinden. In Workum werden bijvoorbeeld de vijf doopsgezinde leraren (een vaste dominee was er nog niet) van de Waterlandse gemeente op het stadhuis ontboden om de verklaring te ondertekenen. Bij monde van de rijke koopman Dirk Hinloopen weigerden ze allen. De kerken werden bij wijze van protest tegen het optreden van gewestelijke regering door de doopsgezinden zelf tijdelijk gesloten.

In hun schriftelijke reacties op het formulier gingen de Sociëteit noch de Janjacobsgezinden uitgebreid in op de vier stellingen of op de inhoud van de eerder genoemde twaalf artikelen. Misschien was het de ervaring uit de zeventiende eeuw dat theologische debatten weinig goeds en vaak geen oplossing brachten. Of misschien zagen sommigen toch wel wat in de ideeën van Socinus.

De reden waarom men weigerde te ondertekenen, zo blijkt uit de reacties, was vooral van principiële aard. Men nam wel afstand van het socinianisme, maar dat betekende niet dat men de verklaring kon en wilde ondertekenen. Het ging om een veel diepere zaak die direct teruggreep op de wortels van de doopsgezinde beweging. Ze weigerden een ondertekening van het formulier op grond van hun overtuiging dat slechts het bijbelwoord telde, en dat het hier om door mensen geformuleerde stellingen ging. Om hun zaak te versterken refereerden ze bovendien (en wederom) aan de waardering die ze in het verleden van vele kanten hadden ontvangen toen de doopsgezinden financiële steun aan de overheid hadden geboden in tijden van crisis en oorlog, zoals besproken in het vorige hoofdstuk. Hun loyaliteit ten opzichte van de overheid mocht een beloning hebben.

De verzoeken van de doopsgezinden om het formulier niet te hoeven ondertekenen hadden succes – niet alleen op basis van de inhoud, maar zeker ook omdat er met behulp van hen gunstig gezinde leden van Provinciale Staten een lobby in de richting van Gedeputeerde Staten plaatsvond. Al op 7 november 1722, nog geen maand na de uitvaardiging, werd het besluit tot verplichte ondertekening weer opgeschort en kwam het niet meer terug. Hoewel het na deze kwestie enige jaren rustig bleef, waren de moeilijkheden met betrekking tot het socianisme en de doopsgezinde voorgangers bepaald nog niet voorbij.

De affaire Stinstra

In 1738 en 1739 waren er opnieuw problemen in De Knijpe. Twee van de drie doopsgezinden leraren, Wytse Jeens en Pieke Tjommes werden door Gedeputeerde Staten in eerste instantie geschorst en later zelfs ontzet uit het ambt, onder druk van de gereformeerde dominee ter plaatse, Wybrandus van Assen, natuurlijk gesteund door zijn classis. De derde leraar, Wybe Pieters, gaf toe aan de druk om expliciet afstand te nemen van het socinianisme. De Friese Doopsgezinde Sociëteit besloot de winter van januari 1740 een deductie, een verdedigende uitleg, naar Gedeputeerde Staten te sturen, geschreven door de voorzitter van de Sociëteit, Johannes Stinstra uit Harlingen. Deze deductie was het bijvoegsel bij een verzoekschrift om met rust gelaten te worden.

De Sociëteit vroeg Gedeputeerde Staten niet alleen om verschoond te blijven van optredens zoals in De Knijpe, maar vroeg tevens om voortaan van elke ingreep van de Staten gevrijwaard te blijven. De Staten moesten zich niet met zaken van het geweten bemoeien. Met andere woorden, bewust of niet bewust, de Sociëteit vroeg om volledige godsdienstvrijheid voor de doopsgezinden. Gedeputeerde Staten gaven hieraan geen gehoor, wat niet verwonderlijk is gezien hun eerdere opstelling in het conflict rond het socinianisme. Bovendien zal er de vrees geweest zijn dat hiermee een doos van Pandora openging, waarbij niet alleen de doopsgezinden, maar ook andere godsdienstige stromingen zich aan het gezag van de Staten zouden onttrekken, met als uitkomst algehele vrijheid van godsdienst. De doperse strategie van verzoekschriften was dezelfde als in de jaren 1720, maar de geformuleerde wensen gingen een stapje verder. Het getuigde wel van veel zelfvertrouwen, maar het had niet het gewenste effect.

Met de deductie had Stinstra zijn hand overspeeld. Hij kwam nu zelf wegens sociniaanse verdenkingen van gereformeerde zijde onder vuur te liggen. Het stuk was misschien voor de doopsgezinden puur een pleidooi om met rust gelaten te worden, maar voor de gereformeerden was het een pleidooi voor volledige godsdienstige tolerantie. Dat was niet een, maar op dat moment zelfs meerdere bruggen te ver. Dat Stinstra schreef dat hij Socinus als broeder in Christus erkende, maakte het er ook bepaald niet beter

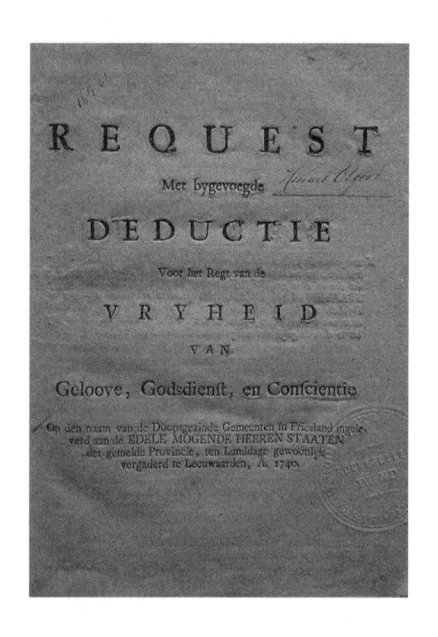

Johannes Stinstra - *Request met bijgevoegde Deductie voor het regt van de vrijheid van geloove, godsdienst en conscientie op den naam van de Doopsgezinde Gemeenten in Friesland ingeleverd aan de E.M. Heeren Staaten der gemelde Provincie ter Landdage gewoonlijk vergadert te Leeuwarden a 1740.*

op, wat hij hier ook precies mee bedoeld mag hebben. Het drijven van de gereformeerde dominees leidde er uiteindelijk toe dat de Staten Stinstra op 13 januari 1742 uit zijn ambt zetten.

De politieke steun die er in 1722 nog voor zorgde dat de verplichting tot ondertekening van het formulier door de leraren werd opgeschort, bleek nu niet meer voldoende om Stinstra te redden. De ontzetting uit het ambt weerhield Stinstra er overigens niet van om regelmatig van zich te doen spreken. Bovendien liet noch de kerkenraad van Harlingen, noch de Sociëteit hem vallen: Stinstra bleef zowel lid van de kerkenraad als actief in de Sociëteit. Tijdens de Doelistenwoelingen van 1748 wilde de Harlinger kerkenraad hem zelfs in zijn ambt herstellen, een duidelijk teken dat de doopsgezinde beweging als geheel sterker in de schoenen stond en een front durfde te vormen. Stinstra weigerde echter, bang om olie op het politieke vuur te gooien.

Het duurde uiteindelijk tot 1757 voordat Stinstra's ontzetting uit het ambt ongedaan werd gemaakt en hij weer mocht preken. Nadien hoefde de Friese Doopsgezinde Sociëteit zich niet meer met dergelijke zaken bezig te houden. Tijden waren veranderd – doopsgezinden werd op godsdienstig gebied niets meer in de weg gelegd. Het was de invloed van de Verlichting en de bijhorende denkbeelden over rationaliteit, vrijheid en gelijkheid die zorgden voor deze omslag. De oude strijdvaardige gereformeerde geest was ook bij de Friese gereformeerde synode getemperd en er ontstond een sfeer van acceptatie en tolerantie. Ook de gereformeerde dominees kwamen onder invloed van de Verlichting. Op bestuurlijk en politiek terrein bleven de belemmeringen voor de doopsgezinden echter bestaan.

Veranderende perspectieven

In het vorige hoofdstuk zagen we dat de doopsgezinden in de zeventiende eeuw voorzichtige pogingen ondernamen om in formele zin meer politieke invloed te verkrijgen. Meer dan het actief kiesrecht leverde dat toen nog niet op, het vervullen van publieke ambten bleef gereserveerd voor de leden van de heersende gereformeerde kerk. In het midden van de achttiende eeuw klopten de doopsgezinden opnieuw op de deur van het openbaar bestuur, maar wederom zonder resultaat. Een van de 'hindernissen' die eerst binnen de eigen gemeenschap genomen moest worden was het principe van de geweldloosheid. Immers, zo lang men 'het zwaard' niet wilde dragen, was het vrijwel onmogelijk om publieke ambten te bekleden. Nu was een deel van de doopsgezinden, zoals de Waterlanders en later de Lamisten, al van de strenge toepassing van het principe van geweldloosheid afgestapt – voornamelijk uit praktische overwegingen, door bijvoorbeeld het deelnemen aan ondernemingen waarbij het bewapenen van schepen noodzakelijk was, zoals de koloniale handel, of waarbij op andere wijze (door anderen) van wapens gebruik gemaakt werd.

Een mooi voorbeeld van de veranderende perspectieven is dat van de rijke koopman Epke Sipkes Roos uit Sneek. Sinds jaar en dag betaalden welgestelde doopsgezinden in de Friese steden een dubbel wachtgeld om niet aan hun plicht van het wachtlopen te hoeven voldoen, vanwege hun geloofsovertuiging. Anderen, dat wil zeggen niet-doopsgezinden, die wel meededen aan de bescherming van de stad betaalden het enkele wachtgeld van drie gulden per jaar. De onderhavige regeling was vastgesteld in een uitspraak van de Staten van Friesland van 10 maart 1734. Roos wilde hier voor zichzelf verandering in aanbrengen, omdat hij zich niet meer aan zijn plicht wilde onttrekken.

In een brief aan het stadsbestuur uit december 1746 stelde hij dat hij geen gewetensbezwaren had om met de officieren van zijn stadsdeel de burgerwacht uit te voeren, zoals een burger dat behoort te doen. Hij zei erbij dat hij ook niet meer bereid was om het dubbele wachtgeld te betalen. De bevelhebbers van de wacht waren echter niet blij met deze aanvulling van de troepen en weigerden zijn intrede. Er was weinig vertrouwen dat Roos inderdaad wacht zou gaan lopen en ze verwachtten dat hij een remplaçant zou sturen. Desalniettemin volstond Roos vanaf dat moment met betaling van het gewone wachtgeld – principe is principe. Om het geld hoefde hij het als een van de rijkste inwoners van de stad trouwens bepaald niet te doen.

Er volgde, zoals wel vaker in deze geschiedenis, een lange rechtszaak. Roos wilde wachtlopen, de stad wilde het dubbele wachtgeld. In eerste instantie, voor de troebelen van 1748, leek Epke Sipkes Roos gelijk te krijgen, maar hij verloor uiteindelijk in hoger beroep. De toon met betrekking tot het dragen van wapens door doopsgezinden was echter gezet. Nog niet alle groepen over de gehele linie gaven hieraan toe, maar dat een rijk man als Roos het principe van geweldloosheid losliet was een teken dat er veranderingen ophanden waren.

Opvallend in de gehele procedure is het verwijt van het gereformeerde stadsbestuur aan Roos dat hij een potje maakt van het gedachtegoed van Menno Simons en dat Roos en zijn aanhang eigenlijk geen goede doopsgezinden meer waren. Het beeld dat anderen van doopsgezinden hadden schuurde hier met het zelfbeeld van de doopsgezinden. Hoe Roos reageerde op deze beschuldigingen is niet bekend, maar het verwijt van het stadsbestuur sneed wel hout. Roos was ver afgedwaald van het gedachtegoed van de oude doopsgezinden. Saillant detail is dat Roos ten tijde van de affaire Stinstra in 1740 een belangrijke rol speelde binnen de Friese Doopsgezinde Sociëteit.

Pachtersoproer

De eerste keer dat de doopsgezinden prominent aanwezig waren op het politieke toneel was in het jaar 1748, bij de Doelistenbeweging. Deze protestbeweging kwam in Friesland veel later op gang dan elders, waar ze als doel had de regentenheerschappij te doorbreken en een einde te maken aan corruptie en vriendjespolitiek. De beste remedie, zo dacht men, was om weer een stadhouder in het zadel te helpen die orde op zaken kon stellen de regenten wilde aanpakken. Overijssel, Zeeland, Utrecht en Holland hadden na de dood van stadhouder Willem III in 1702 namelijk geen opvolger voor hem benoemd. De landelijke protestbeweging van de Doelisten die ontstond in 1747 en Willem IV (1711-1751) in alle gewesten tot stadhouder verhief, ging om logische redenen aan Friesland voorbij: Willem IV was namelijk al erfstadhouder van Friesland vanaf 1711, eerst vertegenwoordigd door zijn moeder Maria Louise als regentes, bekend als Marijke Meu.

Toch bestond de politiek-economische onderstroom van ontevredenheid met het bestaande regime die zich uitte in de Doelistenbeweging, ook in Friesland, maar kwam dus pas een jaar later aan de oppervlakte. De ontevredenheid betrof twee zaken in het bijzonder. Ten eerste was er een brede afkeer van de manier waarop officiële ambten – zoals het grietmanschap op het platteland en de burgemeestersposten in de steden, plus alle bijkomende baantjes – door een groep regenten onder elkaar werden verdeeld. Een groot deel van de bevolking bleef hierdoor consequent van invloed verstoken omdat ze niet tot de cirkel behoorde die voor de ambten in aanmerking kwam. Ten tweede was men het niet eens met de wijze van belastinginning, de zogenaamde verpachting der middelen.

In het systeem van verpachting waren het particulieren – pachters – die tegen betaling van een jaarlijkse pachtsom, het recht verkregen om bepaalde belastingen in te vorderen. De pachtsom was het bedrag dat uiteindelijk in de provinciekas terecht kwam, de meeropbrengst van de belastingen (het geïnde bedrag minus de pachtsom) mochten de pachters in eigen zak steken – al kwam het ook voor dat er minder belasting binnenkwam dan de som waarvoor de belasting was gepacht. In de praktijk waren het steeds dezelfde (vermogende) burgers, die pachters werden, en het surplus van de belastinginkomsten konden opstrijken. Er was namelijk een hoge borgstelling nodig om de overheid te verzekeren van de afgesproken pachtsom.

Vooral de wijze waarop de belasting op het malen van graan door de pachters werd geïnd was veel burgers een doorn in het oog. Het ging hier in het bijzonder om de controle daarop door chergers, belastingambtenaren, die in huisjes naast de molens zitting hadden. Deze commiezen controleerden of er wel belasting betaald werd op het malen van graan en legden de molens aan de ketting om te voorkomen dat er gemalen werd op momenten dat er geen controle was. Het duurde echter tot mei 1748 voordat in Friesland het protest tegen de belastinginning op gang kwam, en de vonk die het vuur deed oplaaien kwam van buiten. Een Groninger delegatie van ontevreden burgers, in Friesland op doorreis naar Den Haag, om daar hun grieven tegen de regenten bij de stadhouder aanhangig te maken, verweet de Friezen die ze onderweg tegenkwamen dat ze zich niet tegen de heersende regentenkliek verzetten. Dat lieten de Friezen niet op zich zitten.

Op 26 mei 1748 begon het Friese Pachtersoproer met de vernieling van het chergershuisje bij de molen in Bergum. De volgende dag moesten enkele huisjes in plaatsen in de omgeving eraan geloven en daarna greep de protestbeweging razendsnel om zich heen. Op 31 mei namen de gebeurtenissen een andere wending. Het protest, dat tot dan toe uit niet meer dan een serie ongeorganiseerde rellen had bestaan zonder een duidelijk programma, kreeg door het optreden van de burgerij van Harlingen een meer politieke lading. Nadat in Harlingen eerst de chergershuisjes waren verbrand en de collecteboeken van de belastingen in beslag waren genomen, koos de ontevreden burgerij van de stad een commissie van niet minder dan

125 Bijeenkomst van de Patriotten (Doelisten) tijdens de openbare vergaderingen in de Kloveniersdoelen te Amsterdam, 7 en 9 augustus 1748.

58 leden. Dit omvangrijke orgaan moest de politieke wensen in kaart brengen en gaan onderhandelen met stadhouder en Staten over de verwezenlijking daarvan. Van de groep van 58 behoorden minstens negentien tot de doopsgezinde gemeenschap, meest leden van de kerkenraad. De protestbeweging gaf de stedelijke doopsgezinden voor het eerst de mogelijkheid om mee te praten over het bestuur van de stad en het gewest.

De Doelistenbeweging

Nog geen week later, op 5 juni, was er op uitnodiging van de protestbeweging in de stad Leeuwarden een eerste provinciale vergadering in de hoofdstedelijke Jacobijner of Groote kerk. In de hele provincie had de oppositie zich georganiseerd en er werden afgevaardigden naar de bijeenkomst gestuurd, die bedoeld was om gezamenlijk, op provinciaal niveau, de eisen tot hervorming scherp te formuleren. De leiding lag bij de Leeuwarder doopsgezinde predikant Uilke Wytses de Vries van Het Vliet. Men wilde onder andere dat het stadhouderschap erfelijk zou worden, dat het Hof van Friesland onafhankelijk recht ging spreken, en verder belastinghervorming en controle op de financiën van het gewest.

Na een tweede vergadering op 10 juni in de Leeuwarder Stadsdoelen (vandaar ook in Friesland de naam Doelistenbeweging, net zoals de Nederlandse beweging was genoemd naar vergaderlocatie de Kloveniersdoelen in Amsterdam), waarbij per stad en per grietenij twee vertegenwoordigers van de burgerij aanwezig waren, besloten de Doelisten met de stadhouder in gesprek te gaan om hun wensen tot hervorming met hem te bespreken, maar dit leverde uiteindelijk niets op: door ziekte van stadhouder Willem IV, die in Den Haag verbleef, vond dit gesprek nooit plaats.

Op 5 juli hervatten de Doelisten hun onderlinge overleg, net als eerder weer gelijktijdig met de vergadering van het 'echte gezag', de Staten. Naast politieke eisen wilden de Doelisten nu ook vrijheid van bedrijf, dat wil zeggen de afschaffing van de gilden, alsmede een soort vergadering naast de Staten die de Staten weer moest controleren. In de loop van juli bleek dat Willem IV steeds minder geneigd was naar de Doelisten te luisteren, hoewel de beweging zich niet op zijn persoon of ambt richtte, maar tegen zijn politieke aanhang. Onder druk van de Staten besloot hij zelfs tot militair ingrijpen omdat zijn echte machtsbasis uiteindelijk bestond uit de regenten waartegen de Doelistenbeweging zich richtte. Willem koos partij voor de clique die hem sinds zijn aantreden in 1731 had gesteund. Bovendien, oproer was per definitie ongunstig.

Op 31 juli 1748 arriveerden de eerste door de Staten gestuurde soldaten in Harlingen. Hoewel sommige Doelisten weerstand wilden bieden, koos de meerderheid ervoor om zich niet te verzetten, en kwam het niet tot een gewelddadig treffen. De prinsgezinde regenten zaten daarop weer redelijk stevig in het zadel, maar ze waren wel in een nog afhankelijker positie ten opzichte

127 Spotprent op de Doelisten, 1749. Aan een galg hangen de lichamen van Daniël Raap en 8 anderen, de beul op een ladder dringt twee anderen haast te maken die ook gehangen moeten worden.

van Willem IV terecht gekomen. Deze slaagde er handig in om zijn macht ten koste van de regenten te vergroten, toch ook met het doel de uitwassen van de regentenregering in te dammen. In deze zin had de beweging toch enig effect gehad.

In september vond er nog een gesprek plaats tussen een afvaardiging van de Doelisten en een door de stadhouder benoemde commissie die hem met betrekking tot de situatie in Friesland van advies moest dienen. De eisen die de Doelisten nu neerlegden waren zeer gematigd en beperkten zich tot de hervorming van de belastingen en een aantal andere financiële kwesties. Hoewel de Doelistenbeweging begon met het streven naar echte politieke hervorming bleek hiervan uiteindelijk niet veel terecht te komen – dat Willem IV in 1751 stierf hielp hun doelen ook niet. Wel werd het systeem van de belastingpacht afgeschaft. Gezien de oorspronkelijke aanleiding voor de onlusten kan dit zeker als een succes gezien worden. Wat betreft de politieke hervormingen moeten we constateren dat de tegenkrachten te sterk waren. De hoop op verandering was door het optreden van de stadhouder en zijn aanhang voor dertig jaar gefrustreerd. Pas in de jaren 1780 kwam er weer beweging in de verstarde politieke verhoudingen in Friesland.

Voor onze geschiedenis van de doopsgezinden is van groot belang dat zich onder de afgevaardigden naar de provinciale vergaderingen van de Doelisten een groot aantal doopsgezinden bevond. Jo(h)annes Teekes Coopmans verscheen voor Workum, Gilles Hessels Mesdag voor Bolsward en de Makkumer dominee Haye Egges voor de grietenij Wonseradeel. Uit de grietenij Hemelumer Oldefert vinden we de gewezen grootschipper Wiggert Hylkes, en uit Hindeloopen de schipper Hidde Eukes. Allen waren doopsgezind. De boekhouder van de Friese Doopsgezinde Sociëteit, Robijn Arjens, was een van de twee gecommitteerden namens Harlingen. Eerder kwamen we al (leken-)dominee Uilke Wytses de Vries tegen, die de eerste bijeenkomst voorzat.

Sneek vaardigde weliswaar geen doopsgezinden af naar de bijeenkomst van 10 juni, maar Johan Vegelin van Claerbergen, de grietman van Doniawerstel (een niet meer bestaande grietenij met Langweer als hoofdplaats) noemde de Sneker Wouter Berents als een van de aanstichters van de Doelistenbeweging, die zijn Oud-Vlaamse netwerk zou hebben gemobiliseerd. Of dat klopt is niet te bewijzen, maar in de groep van negen Doelisten die in september met een door de stadhouder benoemde commissie spraken, vinden we wel Wouter Berents' zoon, de leerlooier Andries Wouters, naast de eerder genoemde doopsgezinde predikant Uilke Wytses de Vries (Leeuwarden) en Saco Harmen van Idsinga (Harlingen).

De afkeer van doopsgezinden bij het behoudende deel van de elite, gepersonificeerd door Vegelin van Claerbergen, had natuurlijk ook te maken met de eerder besproken 'affaire Stinstra': wie geloofde in het primaat van de heersende kerk kon nu eenmaal weinig sympathie opbrengen voor een groep veelal welgestelde dissenters die de gereformeerde machtsbasis dreigde te ondergraven. Stinstra zelf hield zich wijselijk op de vlakte door zich niet actief met de Doelistenbeweging te bemoeien, maar hij zal zeker niet ongevoelig geweest zijn voor hun politieke wensen. Hij wilde weliswaar niet voor de Doelisten gaan preken, doch als de zaak binnen Harlingen geheel uit de hand zou lopen, zo besloot de doopsgezinde kerkenraad, dan zou Stinstra ingezet worden als olie op de golven. Het bleek niet nodig.

Als we nu de balans opmaken van de eerste helft van de achttiende eeuw, dan zien we dat de maatschappelijke aanwezigheid en betekenis van de doopsgezinden toenam, terwijl – of waardoor – het specifiek doopsgezinde langzamerhand verwaterde. Ondanks de beleden verwerping van het socinianisme was er toch een sterke neiging in sociniaanse richting, waardoor het principe van de goddelijke natuur van Christus enigszins op losse schroeven kwam te staan. Soberheid en eenvoud, kernwaarden van de oorspronkelijke beweging, waren door economisch succes steeds moeilijker vol te houden. Het principe van geweldloosheid verwaterde evenzeer. De roep om volledige maatschappelijk te participeren werd steeds sterker. De doopsgezinde bijdrage aan de Doelistenbeweging is wat dat betreft veelzeggend.

Als er de hoop bestaan heeft dat hierdoor volledige maatschappelijke participatie dichterbij zou komen, dan was de wens de vader van de gedachte. '1748' was het voorlopige einde van de maatschappelijke hervorming. Wat volgde waren dertig verspilde jaren van verstarring, van staatkundige en economische stilstand. De onderstroom van ontevredenheid zwol echter aan, om met grote kracht in de jaren 1780 boven te komen.

HOOFDSTUK 6

De tweede helft van de achttiende eeuw: schuivende panelen

In de vorige hoofdstukken zijn de theologische aspecten van het doperdom, en meer bijzonder de praktische implicaties daarvan, regelmatig aan de orde gekomen. In dit hoofdstuk wordt wat minder aandacht besteed aan dat element. In de tweede helft van de achttiende eeuw was de tijd van de theologische conflicten en splitsingen binnen de doperse beweging voorgoed voorbij – zowel de onderlinge meningsverschillen, als de eens zo heftige aanvallen uit gereformeerde hoek verdwenen langzamerhand uit het publieke domein. Discussies bleven er natuurlijk wel, maar stonden vaak in het bredere perspectief van de Verlichting en het vooruitgangsdenken. Deze ontwikkeling ging ook in Friesland bij de doopsgezinden hand in hand met de wens om volledig deel uit te maken van de samenleving – een wens die al veel langer leefde onder de dopers. Ze wilden een volwaardig steentje bijdragen, niet slechts als leden van een gedoogde minderheid, maar als volledig geaccepteerde en participerende burgers. Ook de samenleving werd steeds ontvankelijker voor deze wens. Toch was er vanaf het midden van de achttiende eeuw nog een hele weg te gaan voordat het eindelijk zover was.

In 1748 was er in Friesland enige hoop geweest dat het versteende systeem van vriendjespolitiek en de bevoorrechte gereformeerde kerk zou verdwijnen, of in ieder geval hervormd zou worden. Dat ook de doopsgezinden hun hoop hierop hadden gevestigd blijkt wel uit het feit dat ze zich voor het eerst duidelijk op het politieke toneel manifesteerden in de Doelistenbeweging die toen ontstond. De brede steun die daardoor even ontstond om hen volledig aan het maatschappelijke leven mee te laten doen verloor het echter van de conservatieve reactie. Het enige tastbare resultaat van de eisen van de Doelisten bleek een beperkte hervorming van het belastingstel. De onderstroom van ontevredenheid en de wens tot emancipatie en maatschappelijke participatie van alle burgers die zichzelf daartoe capabel achtten werd daarmee zeker niet zwakker. Het is dan ook niet verwonderlijk dat op het moment dat de onvrede met het heersende politieke systeem aan het einde van de jaren 1770 opnieuw aan de oppervlakte kwam, de doopsgezinden zich als de vertolkers van deze breed in de samenleving gedeelde gevoelens ontpopten. In dit hoofdstuk staat de zich ontwikkelende maatschappelijke positie van de doopsgezinden als groep en die van een aantal individuen centraal.

'Algemene Beschryvinge' van de doopsgezinden

Van 1765-1768 publiceerde Foeke Sjoerds, een schoolmeester uit Oosternijkerk en tijdgenoot van Johannes Stinstra, een Algemene Beschryvinge van Oud en Nieuw Friesland in enkele delen, waarin velerlei aspecten van de Friese samenleving aan de orde kwamen. Over de doopsgezinden was hij overwegend positief. Dit boekwerk van Sjoerds was de eerste publicatie waarin de doopsgezinden in Friesland als groep werden besproken. Voor zijn uitgebreide beschrijving van de verschillende richtingen baseerde Sjoerds zich vooral op Simeon Frederik Rues' Tegenwoordige staet der Doopsgezinden of Mennoniten, in de Vereenigde Nederlanden uit 1745. Sjoerds, als niet-doopsgezinde Fries, toont zich redelijk op de hoogte van de gewoonten en gebruiken van de verschillende stromingen, hoewel hij zijn informatie dus niet altijd rechtstreeks bij leden van die stromingen zelf had ingewonnen.

Sjoerds begint met onderscheid te maken tussen Mennonitischgezinde doopsgezinden en Remonstrantschgezinde doopsgezinden, een destijds gangbaar onderscheid dat overeenkomt met de in de tegenwoordige geschiedschrijving gebruikte indeling tussen de strengere Zonisten en minder strenge Lamisten. Voor Friesland, zo constateert Sjoerds, heeft dit onderscheid weinig zin. Hij constateert dat het in Friesland vooral gaat om verenigde Vlaamse en Waterlandse gemeenten, waardoor een scherp onderscheid tussen de Mennonitischgezinden en de Remonstrantsgezinden in de Friese praktijk eigenlijk niet hanteerbaar is. Sommige van de verenigde gemeenten waren wat meer Mennonitischgezind, wat strenger, maar de overgrote meerderheid van de gemeenten was Remonstrantsgezind. De Oude Vlamingen en de Janjacobsgezinden buiten beschouwing gelaten, is er in Friesland rond deze tijd eigenlijk geen sprake meer van stromingen die nog ver uit elkaar staan, laat staan recht tegenover elkaar.

In de uiterst positieve woorden van Foeke Sjoerds zelf: 'De doopsgezinden zijn steeds beschouwd als nuttige leden van de maatschappij, en hebben veel bijgedragen aan de instandhouding van het 'Gemenebest', de samenleving. Hun bereidheid tot het brengen van geldelijke offers in tijden van oorlog prijst hij. De doopsgezinden 'zijn doorgaans, omdat zeer velen van hen kooplieden en handeldrijvende personen zijn, ongemeen nuttige Leden van den Staat.'

Portret van Foeke Sjoerds.

'De wereld' sluipt verder binnen

De belangrijkste doperse stromingen – Waterlanders, Friezen en Vlamingen – zijn door de jaren heen naar elkaar toe gegroeid. Hoewel ze het niet over alles met elkaar eens zijn, schrijft Sjoerds; 'hebben ze echter met elkaar gemeen, dat ze sommige van de oude leerstellingen hebben gematigd en deels hebben laten varen. Wat betreft hun kerkelijke instellingen en gebruiken hebben ze zich meer geschikt naar 's lands gebruiken. En wat betreft hun uiterlijke verschijning en manier van leven hebben ze zich ook aangepast aan 's lands ingezetenen. Met andere woorden, ze onderscheiden zich niet meer door hun zeer sobere, zwarte en sieraadloze kledij. Hun rijkdom, die ze zich door de koophandel en de sobere wijze van leven hebben verworven, en hun omgang met andere mensen, evenals hun neiging tot

De doopsgezinde kerk te Zaandam, 1687. In dat jaar kwam het tot een fusie van de Waterlanders op het Dampad met de Vlamingen van het Stikkelspad. De nieuwe gemeente ging verder onder de naam 'De Vereenigde Doopsgezinde Gemeente van Westzaandam'.

geleerdheid en wetenschap, gaven hiertoe meer en meer aanleiding'. Tegenover deze 'Grove' doopsgezinden, waartoe de omvangrijke stromingen behoren, staan – in Sjoerds' terminologie – de Fijnen. Friezen (waarvan in 1768 alleen in Balk nog een gemeente bestond, de rest was in de grote stroom opgenomen), (Groninger) Oude Vlamingen en Janjacobsgezinden – tezamen, zo schrijft Sjoerds, veel minder in getal dan de Groven. De kleine groep Fijnen hield zich nog wel vast aan belijdenissen, zij hielden de oude gebruiken nog in ere. Ze trachtten hun gemeenten schoon te houden van degenen die er een levenswijze op na hielden die de gemeente in een kwaad daglicht zou kunnen stellen. Omstandig bespreekt Sjoerds de gang van zaken in deze gemeenten, vooral in de Oud Vlaamse gemeenten. Niemand, zo stelt hij, mag bij hen aan het avondmaal deelnemen als hij of zij niet gedoopt is. Ook constateert hij dat ze nog vasthouden aan het gebruik van de wederkerige voetwassing na het avondmaal, als teken van ootmoedigheid ten opzichte van de andere broeders en zusters. Wel stelt hij dat de strengheid in de leer in de praktijk van het dagelijks leven niet altijd te handhaven viel: 'De ervaring heeft hen [de strenge doopgezin-

135 Voetwassing bij de Oude Vlaamse doopsgezinden te Zaandam, ca. 1740.

den] langzamerhand geleerd dat de allerstiptste strengheid niet altijd de voordeligste weg is om hun gemeenschap in stand te houden, en ze zijn soms genoodzaakt geweest om toe te geven, om grotere scheuringen te voorkomen'.

Verderop noemt Sjoerds een Oud Vlaamse leraar, die hem vertelde dat de Oude Vlamingen toch ook steeds wereldser werden. De donkere eenvoudige kleding, zonder sieraden of andere opsmuk, was verdwenen waardoor ze uiterlijk niet meer als doopsgezinden, laat staan als Oude Vlamingen te herkennen waren. Deze bevinding komt overeen met het algemene beeld van de tweede helft van de achttiende eeuw. In deze periode werden niet alleen in snel tempo de meest principiële kanten van het doopsgezinde geloof afgezwakt, maar veranderde de praktijk van het dagelijks leven evenzeer. De sobere en ingetogen levensstijl verdween. In feite beschreef Sjoerds een wereld die snel aan het verdwijnen was.

Bij sommige meer progressieve groepen, zoals de Waterlanders, was deze tendens al in de zeventiende eeuw ingezet, maar aan het einde van de achttiende eeuw ontsnapten zelfs de Groninger Oude Vlamingen niet meer aan het opdringen van 'de wereld'. De Sneker familie Wouters, die ook al actief was in de Doelistenbeweging, belichaamt deze verandering binnen de Oud Vlaamse gemeenschap als geen ander.

De Oud Vlaamse gemeente in Sneek was jong, ontstaan in de jaren 1740 toen het de oude Wouter Berends te zwaar viel om nog in IJlst te kerken – zoals beschreven in hoofdstuk 3. Een eerdere Oud Vlaamse gemeente was verlopen. Juist in de beginjaren van deze gemeente, die voor een belangrijk deel uit Woutersen en hun familieleden bestond, begonnen de veranderingen in het Oud Vlaamse milieu. Waar andere doopsgezinde groepen zich steeds minder van de rest van de samenleving onderscheidden, hadden de Oude Vlamingen, zo constateerde ook Foeke Sjoerds, zich nog steeds aan het oude vastgehouden. Toch blijkt de familie Wouters op den duur de wereldse zaken en lusten van 'de wereld' niet meer te mijden, als Mintje Wouters, zoon van Wouter Berends in 1767 meedoet aan het Admiraalzeilen ter gelegenheid van de verjaardag van stadhouder Willem V. Tien jaar later, bij het bezoek van Willem V en zijn gezin aan Friesland in september 1777, werd er te zijner eer een zeilwedstrijd georganiseerd met als startpunt Oude Schouw, aan de weg tussen Akkrum en Irnsum. Van de twaalf Sneker schepen die meededen waren er maar liefst vier met een lid van de familie Wouters als schipper. De oudste, en de winnaar, was de zestig-jarige Mintje Wouters met zijn jacht de De Bever. De bewaarde roerversiering laat zien dat het om meer gaat dan een eenvoudig bootje. Ook bij huwelijksvieringen had 'de wereld' al voor 1780 haar intrede gedaan in het voorheen zo ingetogen Oud Vlaamse milieu, zoals blijkt uit de 'gewaagde' gedichten die men voordroeg.

137   Het jacht de Bever.

In de minder strenge groepen was de verwereldlijking al eerder op gang gekomen. In Bolsward duurden de feesten voor een dubbel huwelijk van de welgestelde families Brouwer en Cnoop in 1768 al met al drie dagen, en kon het gebeuren dat de gasten pas bij het krieken van de nieuwe dag huiswaarts keerden. Ook wat betreft eten en drinken was er van terughoudendheid geen sprake meer en lijkt er weinig besef meer geweest te zijn van de 'oude waarden' van soberheid. Er blijkt in het verslag van een familielid, Gerrit Middagten, van deze trouwerij ook niets van doopsgezinde gêne over de uitgelatenheid bij dit grote feest.

Hoewel Sjoerds er niet expliciet op in gaat moet hem ook bekend zijn geweest dat de 'buitentrouw', het trouwen met een partner van buiten de eigen stroming, of zelfs buiten de doopgezinde gemeenschap, steeds normaler werd. Al in de zeventiende eeuw zien we regelmatig gemengde huwelijken tussen doopsgezinden en niet-doopsgezinden. Zeker in de minder strenge gemeenten was sociale klasse al in de zeventiende eeuw een even belangrijk criterium als religie, maar in de tweede helft van de achttiende eeuw lijkt het er op dat religie eerder bijzaak was dan de hoofdzaak. Wellicht was dat ook een kwestie van noodzaak.

De doopsgezinde groep was in de tweede helft van de achttiende eeuw al niet zo omvangrijk meer, en de families aan de top waren in de zeventiende eeuw al door verschillende huwelijken onderling aan elkaar verbonden. Doopsgezinde partners die ook nog eens van dezelfde stand waren, waren hierdoor moeilijk te vinden en moesten soms van ver gehaald worden. Dan was een niet-doopsgezinde partner van goede stand uit de buurt een gemakkelijker oplossing. De Oude Vlamingen losten dit lange tijd anders op. Bij hen bestond er een soort netwerk waartoe Sneek, IJlst, Deventer, Groningen en Twente behoorden. Binnen dit netwerk werden de partners gezocht en uitgewisseld. De verspreiding van de oorspronkelijk Twentse familie Ten Cate over het gehele Oud Vlaamse netwerk is hier een mooi voorbeeld van.

De meest ingrijpende verandering waar ook Sjoerds gewag van maakt was echter wel het loslaten van het beginsel van geweldloosheid. We zagen het al bij Epke Sipkes Roos die geen bezwaar meer had tegen het wachtlopen in Sneek. Over de liberalere of Remonstrantsgezinde doopsgezinden waartoe Roos behoorde schrijft Sjoerds in 1768 dan ook: 'Ze maken er geen probleem van om zich met geweld tegen geweld te weren, of om hun recht te halen. Als eerste gebruiken ze geen geweld, dat is volstrekt ongeoorloofd. Omdat ze wel tegenstand mogen bieden aan hun vijanden noemen ze zichzelf geen weerloze, maar liever wrakeloze Christenen, dat wil zeggen dat ze geen wraak nemen op anderen, of vrijwillig geweld gebruiken´.

De veranderde positie ten opzichte van het gebruiken van geweld maakte het uiteindelijk mogelijk dat het gehele principe van geweldloosheid in de Patriottentijd (1783-1787) zonder al te veel problemen over boord kon worden gezet zoals we in het volgende hoofdstuk zullen zien. De meerderheid van de doopsgezinden was bereid een dergelijk fundamenteel gegeven binnen het doperse gedachtegoed prijs te geven, omdat de behoefte en noodzaak tot bewapening en mobilisatie van de burgerij in de jaren 1780 groter werd. Onder de patriottische schutters vinden we daardoor veel doopsgezinden, niet in de laatste plaats op leidende posities.

Het resultaat van deze ontwikkelingen was wel, dat er aan het einde van de achttiende eeuw bij het grootste deel van de doperse gemeenschap eigenlijk nog maar twee onderscheidende elementen bestonden: de volwassenendoop en het ontbreken van een hiërarchie in de opbouw van gemeenten der gelovigen. Wel bestond er een historisch besef van 'doopsgezindheid' en een gevoel van saamhorigheid. In sommige gevallen werden de oude deugden geïdealiseerd en had het historisch besef een romantiserend effect. Dit was bijvoorbeeld in de eerste helft van de negentiende eeuw het geval bij de uit Grouw afkomstige predikant en taalkundige Joost Hiddes Halbertsma, bijvoorbeeld in diens De doopsgezinden en hunne herkomst (1843).

Ondanks al deze verschuivingen ging het oude gedachtengoed, hoewel niet meer actueel in de tweede helft van de achttiende eeuw, ook niet definitief verloren. Het was misschien aan het oog onttrokken, maar het bestond nog wel – in de geesten opgeslagen en nooit definitief weggegooid. Zo kon het principe van geweldloosheid, dat aan het einde van de achttiende eeuw verloren leek te zijn gegaan, in de twintigste eeuw weer een comeback maken. Met een beroep op het oude principe en de oude motieven konden dienstweigeraars ondersteund worden en vonden doopsgezinden hun plaats in de vredesbeweging. De invloed van de opleiding tot predikant ligt hierbij voor de hand: binnen deze opleiding werden de oude geschriften en ideeën besproken, en bleven zo bewaard.

Getal en gewicht

De vervlakking vond plaats in een periode waarin het aantal doopsgezinden langzaam maar zeker afnam. Desalniettemin vormden de doopsgezinden aan het einde van de achttiende eeuw in Friesland én getalsmatig én qua invloed in de samenlevingen nog steeds een factor van formaat. Op basis van een opgave uit 1796 blijken er bijna 13.000 doopsgezinden te zijn op een totale bevolking van iets meer dan 161.500, dat is acht procent. De opgave laat ook zien dat er grote verschillen waren binnen de provincie. In het zuiden, in de grietenijen Gaasterland, Lemsterland en Oost- en Weststellingwerf ging het om een te verwaarlozen groep. In andere delen, in het bijzonder de grietenijen Idaarderadeel, Utingeradeel en Rauwerderheem in het midden van de provincie, met de dorpen Grouw, Warga, Akkrum, Oldeboorn en Irnsum, ging het daarentegen om meer dan de helft van de bevolking.

Belangrijk hierbij is de constatering dat naast steden als Workum en Hindeloopen ook grote delen van het Friese platteland een behoorlijke doopsgezinde gemeenschap kenden. Hoewel de kennis van de gemeenten op het platteland beperkt is, betekent dit niet dat er al te grote gaten in de geschiedschrijving vallen. Er bestonden geen grote verschillen tussen stad en platteland als het gaat om ideeën en richtingen. Het dorp Oldeboorn bijvoorbeeld, kende meerdere stromingen. De eerder genoemde gemeente in Surhuisterveen was van Waterlandse signatuur. Met andere woorden, er waren geen tegenstellingen tussen stad en platteland binnen de doperse wereld, behalve natuurlijk als het gaat om de beroepen en achtergrond van de gelovigen.

De wens om aan het lokale en provinciale bestuur mee te doen was evenmin tot de steden beperkt – dit gold zowel voor doopsgezinden als voor niet-doopsgezinden – zoals we verderop zullen zien. Wel waren er relatief meer rijke doopsgezinden in de steden dan op het platteland; de rijkdom op het platteland berustte namelijk voor een groot deel bij de adel en deze was niet doopsgezind.

De tegenstelling tussen de doopsgezinden van de late achttiende eeuw en hun zestiende-eeuwse voorlopers was intussen wel erg groot geworden, terwijl de tegenstellingen tussen de achttiende-eeuwse stromingen onderling steeds kleiner werden. Hoewel de tijd nog niet rijp was voor een volledige hereniging van alle doopsgezinden, zien we dat de grootste drempels langzamerhand waren geslecht. In de loop van de achttiende eeuw waren er her en der trouwens al wel verbintenissen tot stand gekomen, zoals in Leeuwarden, waar in 1758 zelfs de Jan Jacobsgezinden hun zelfstandigheid opgaven. De vervlakking van het geloof had zo toch ook een positieve keerzijde omdat het zorgde voor meer eenheid onder de doopsgezinden.

Verlichting

Binnen enkele eeuwen hadden er dus belangrijke verschuivingen plaatsgevonden wat betreft de religieuze overtuigingen van de doopsgezinde gemeenschap. Van een gesloten groep, die andersdenkenden vaak verketterde, werd het een tolerante groep, die open stond voor nieuwe denkbeelden en ideeën. De invloed van de Verlichting mag bij dit veranderingsproces niet worden onderschat.

Terwijl er politiek gezien uiteindelijk nog niet veel te halen viel na de hoopvolle opleving van 1748, vinden we steeds regelmatiger Friese doopsgezinden die zich onderscheidden door wetenschappelijke en culturele prestaties. Foeke Sjoerds signaleerde al dat ze op dat gebied zeer actief waren, niet alleen als consumenten maar ook als producenten. Met name in Harlingen ontstond een klimaat waarin wetenschappelijke interesses en culturele activiteiten konden bloeien.

Deze ontwikkeling kan niet los gezien worden van de welvaart en rijkdom die een deel van de Harlinger doopsgezinden in de zeventiende eeuw had weten te verwerven, zoals beschreven in hoofdstuk 4. Dit gaf hen de tijd en de materiële mogelijkheden om zich aan wetenschappelijke studies te wijden. De weinig dogmatische gerichtheid bij deze doopsgezinden maakte dat ze open stonden voor de nieuwe inzichten over samenleving en de natuurlijke wereld die uiteindelijk in de Verlichting samen kwamen.

Een ander aspect dat bijdraagt aan deze ontwikkeling is dat er in Harlingen een belangrijke mate van continuïteit in de leidende doopsgezinde geslachten bestond, dit in tegenstelling tot Sneek. Eerder zagen we al dat er ook in deze plaats een zeer welgestelde bovenlaag was ontstaan, maar het gaat hier steeds om nieuw geslachten. Toonaangevende Harlinger families als Fontein, Braam en Oosterbaan waarbinnen een cultureel wetenschappelijke traditie bestond, vinden we zowel in de zeventiende als in de achttiende eeuw. Ook bezat de Harlinger bovenlaag al vroeg kunst- en boekverzamelingen – natuurlijk ging het hier om oprechte interesse, maar ook status speelde een onmiskenbare rol.

Johannes Stinstra nam in het culturele circuit van de achttiende eeuw een voorname plaats in. Deels kwam dit door zijn positie als predikant, maar zijn activiteiten bleven niet tot godsdienst en theologie beperkt. Zo vertaalde hij de omvangrijke roman Clarissa of de historie van eene jonge juffer. Waarin de gewigtigste belangen des gemeenen leevens vervat zijn (1752-1755) van de Engelse auteur Samuel Richardson. Ook andere doopsgezinde Harlingers, zoals de arts Simon Stijl (1731-1804), kunnen we in de rij van toonaangevende Friese Verlichtingsfiguren plaatsen. Hij was niet alleen een verdienstelijk medicus, maar speelde ook als schrijver een belangrijke rol. Het ging hierbij om historische werken als De opkomst en bloei van de Republiek der Vereenigde Nederlanden (1774) maar ook om geschriften waaruit een literaire ambitie sprak. Verder was Heere Oosterbaan (1736-1807), van 1761 tot 1785 hoogleraar aan het doopsgezinde Seminarie in Amsterdam, een figuur van nationale betekenis. Niet zozeer als theoloog, maar als docent natuurkundige wijsbegeerte, natuurwetenschappen, aan het Seminarie. Het Seminarie was dan ook veel meer dan een opleiding tot predikant. De vaderstad bleef echter trekken. In 1786 volgde Oosterbaan Johannes Stinstra op als dominee in Harlingen.

De dichtkunst was bittere ernst voor de kinderen van de Verlichting, en het maken van bruiloftsliederen en ander gelegenheidsdichtwerk, maar ook het over en weer schrijven van vriendschapsgedichten werd serieus beoefend. Hoewel ze los staat van de Harlinger culturele bovenlaag mag de jonge dichteres Kynke Lenige in een hoofdstuk over de tweede helft van de achttiende eeuw niet ontbreken. Kynke Lenige (1755-1780), een doopsgezinde koopmansdochter uit Makkum stak boven de middelmaat uit. Nadat ze op 24-jarige leeftijd stierf aan dysenterie, kwam het door toedoen van een drietal vrienden tot de publicatie van Mengeldichten, die ook buiten Friesland aandacht trok.

Harlingen speelde ook in het bredere doopsgezinde culturele netwerk een belangrijke rol. De Bolswarder doopsgezinde bovenlaag bezocht de havenstad bijvoorbeeld regelmatig voor familiebezoek en 'hoog' vermaak, zoals concerten en toneelvoorstellingen. De Bolswarder Gerrit Middagten, zelf van Harlinger afkomst, maakt er in zijn dagboek gewag van. In dit dagboek, dat een aardig beeld van de doopsgezinde bovenlaag omstreeks 1770 'van binnen uit' geeft, beschrijft hij ook de tochtjes naar Harlingen en andere plaatsen die dienden om

Portret van de dichter en historieschrijver Simon Stijl.

het doopsgezinde netwerk in stand te houden. Zo ging hij bij een reisje naar Harlingen op bezoek bij dominee Stinstra. Bij andere gelegenheden vermeldt Middagten bij verre verwanten van doopsgezinde huize langs te zijn gaan.

In de kantlijn kunnen we opmerken dat het onderscheid tussen 'hoge' en 'lage' cultuur in deze tijd misschien scherp te trekken was als het cultuuruitingen betrof, maar voor de consumenten was het niet zo dat ze zich tot de 'hoge' cultuur beperkten. Nemen we de Bolswarder dames en heren als voorbeeld, dan zien we dat ze vooral onderling bezig waren met vermaak als zeilwedstrijden en harddraverijen en gezamenlijke vis-, jacht- en kolfpartijen. Anderzijds bezochten ze ook regelmatig de kermissen in de buurt, waar de hele toenmalige samenleving op af kwam. Het was dus niet zo dat ze zich afsloten in een eigen elite-cultuur.

De haven van Harlingen, gezien vanaf de Zuiderzee.

Blijvende politieke ambitie

Na het mislukken van de Doelistenbeweging moesten de politieke en maatschappelijke ambities van de doopsgezinden eerst weer bijgesteld worden. Dat sommigen echter pogingen bleven ondernemen om een voet tussen de deur naar de macht te krijgen blijkt wel uit de kwestie rondom de Sneker Dirk Roos aan het eind van de jaren 1750. Dirk Roos was een telg van een van de rijkste, zo niet dé rijkste doopsgezinde families in Friesland. Hun vermogen was ontstaan door handel, financieel gelukkige huwelijken en een opeenstapeling van erfenissen. Giften van deze familie zorgden er voor dat de Friese Doopsgezinde Sociëteit haar werk kon voortzetten. Roos kreeg het in 1759 voor elkaar om door de stemgerechtigde floreenplichtigen benoemd te worden tot ontvanger van de Floreenbelasting (een grondbelasting) binnen de klokslag van Sneek – dat was het gebied dat wel tot het grondgebied van de stad behoorde maar niet binnen de eigenlijke omwaterde stad lag. Dit tot groot ongenoegen van de magistraat, het stadsbestuur. Het was zeker de tweede maal dat de familie Roos de confrontatie met de gereformeerde elite van de stad aan ging. Dat ze niet bang waren voor het conflict bleek al in het vorige hoofdstuk, toen we zagen dat Dirks vader Epke Sipkes Roos het dubbele doopsgezinde wachtgeld niet meer wilde betalen.

Dirk Roos had zijn benoeming natuurlijk niet in zijn eentje weten te bewerkstelligen. Hij genoot de steun van een aantal prominente regenten die land bezaten in de klokslag. Mogelijk stonden zij bij Roos in het krijt. Evenals op andere plekken in de Republiek fungeerden rijke doopsgezinden als geldschieters, vooral bij het verstrekken van hypothecaire leningen aan particulieren. Het probleem waar Roos uiteraard tegenaan liep was dat ondanks deze steun, de magistraat van de stad het niet accepteerde dat de belastingplichtigen zelf een nieuwe ontvanger benoemden. De bestuurders van de stad waren van mening dat dit recht alleen bij hen berustte. Uiteindelijk was dit wederom een simpele machtsstrijd: hadden de rijke burgers het voor het zeggen of lag de macht bij de stedelijke regentenoligarchie?

Uiteraard ging de magistraat tegen de benoeming in beroep bij Gedeputeerde Staten, maar dit beroep vond geen gehoor. Roos en de zijnen werden in het gelijk gesteld, de Gedeputeerde Staten vond dat de belastingplichtigen wel degelijk zelf een ontvanger mochten benoemen. Daarmee was de kous echter nog niet af, al duurde het wel enige jaren voordat het stadsbestuur haar kans schoon zag Roos terug te fluiten. Er bestond nog steeds een formidabele tegenstroom van regenten in Friesland die er niets voor voelde nieuwlichterijen toe te staan. Zeker niet wanneer niet-gereformeerden zich in het openbaar bestuur wurmden. Dat kon het begin zijn van een beweging om doopsgezinden een rol in het maatschappelijke leven te laten spelen. En gedeelde macht betekende minder macht – het tegendeel van wat de gereformeerde bestuurders ambieerden.

De magistraat zag na jaren wachten eindelijk een kans om Roos een hak te zetten. In 1766, na de meerderjarigverklaring van Willem V en diens feitelijke aantreden als stadhouder, werd de zaak Roos opnieuw voor Gedeputeerde Staten gebracht. De stadhouder, zo verwachtten de Sneker bestuurders, zou hun kant kiezen. Het ging er de magistraat niet alleen om dat de landeigenaren in de klokslag zich een aantal rechten hadden aangematigd – zoals het benoemen van een belastingontvanger – maar minstens even erg was dat het ging om een doopsgezinde: "dat deze Dirk Roos niet geschikt is om ontvanger te zijn, omdat hij geen voorstander is van de ware gereformeerde Christelijke Religie [...] maar een voornaam Lidmaat is van de Mennonite Gemeente te Sneek [...]". Hoewel Gedeputeerde Staten tegensputterden en moeite hadden een eerder genomen besluit te herroepen, dolven ze het onderspit toen Willem V zijn machtswoord sprak en zoals verwacht de kant van de Sneker bestuurders koos. Dergelijke zaken hielpen vanzelfsprekend mee in de negatieve beeldvorming over de stadhouder bij de doopsgezinden en brachten hen steeds meer in het kamp van de tegenstanders van de stadhouder. De zaak Roos draaide voornamelijk om principes, maar juist daardoor tekende de uitkomst de diepe politieke verdeeldheid in de Friese samenleving die al lang bestond en steeds scherper aan de oppervlakte kwam. Er bestond al weinig hoop dat Willem V enige vorm van verbetering in het bestuur zou aanbrengen, en door zaken als deze verdween die hoop helemaal. De stadhouder, zo was het algemene beeld bij de oppositie, was niet in staat beslissingen te nemen, en als hij ze al nam kwamen ze neer op het in stand laten van de status quo.

In politieke zin is de periode 1750-1780 een tijd van wachten geweest. Maar ook een tijd waarin de verschillen tussen doopsgezinden onderling én tussen hen en de rest van de samenleving vervaagden. Terugkijkend was het misschien een tijd van verval op godsdienstig gebied, maar door de doopsgezinden zelf werd deze tijd niet zo ervaren. Het lijkt er veel meer op dat het een bevrijding van oude ketenen geweest is, waardoor op politiek en cultureel gebied de energie vrijkwam die ervoor zorgde dat in de Patriottentijd doopsgezinden vaak het voortouw namen waar het ging om het bewerkstellingen van politieke veranderingen.

HOOFDSTUK 7

Naar volwaardig burgerschap

In de jaren rond de overgang van de achttiende naar de negentiende eeuw volgden politieke veranderingen en economische crises elkaar in snel tempo op. De periode van 1780 tot 1814 was een uiterst roerige tijd – met name op staatkundig gebied, terwijl op religieus gebied de zaken verder stabiliseerden. De doopsgezinden slaagden er steeds beter in deel uit te maken van en invloed uit te oefenen op deze maatschappelijke ontwikkelingen maar moesten vervolgens ook de consequenties voelen

Nederlandse en Engelse schepen in gevecht tijdens de zeeslag bij Doggersbank op 5 augustus 1781.

als er weer een tegenbeweging op gang kwam. In de Bataafse Tijd (1795-1806) werd uiteindelijk de wens tot gelijke rechten voor de ingezetenen van alle signaturen vervuld. In de grondwet van 1798 waren er alleen nog Bataven, onderscheid tussen religies werd niet meer gemaakt. Doopsgezinden waren nu eindelijk volwaardige en gelijkwaardige leden van de samenleving.

De werkelijkheid wat betreft politieke hervormingen was echter weerbarstiger. Regeren in een democratisch bestel dat nog in de kinderschoenen stond was allesbehalve eenvoudig, laat staan stabiel – zeker wanneer we de periode van afhankelijkheid en uiteindelijke inlijving van ons land bij Frankrijk in aanmerking nemen (1806-1813). Daarnaast moet ook de invloed van deze woelige tijden op de economie niet worden onderschat. Zeker voor de scheepvaart en buitenlandse handel – sectoren waar ook veel doopsgezinden actief waren – waren de gevolgen rampzalig. Bestuurlijk is het beeld en het uiteindelijke resultaat een stuk positiever. De hervormingen die werden doorgevoerd op het gebied van onderwijs en belastingen hebben veel betekend voor de natie als geheel. Ook voor de doopsgezinden was de uitkomst van deze jaren van verandering en democratisering zeker niet slecht. Zelf hebben ze daar steeds actief aan bijgedragen. In dit laatste hoofdstuk wordt beschreven hoe de positie van de doopsgezinden zich verder verstevigde in een voortdurend veranderende wereld.

De Vierde Engelse Oorlog

Na decennia van wachten leek het erop dat er in de jaren 1780-1787 korte metten gemaakt kon worden met het bestaande politieke systeem van vriendjespolitiek en nepotisme. Er was een breed verlangen, niet alleen bij de doopsgezinden maar binnen alle religieuze gezindten, dat er een opener en democratischer staatkundige orde zou komen. Hoe open en hoe democratisch was men het in de oppositie overigens niet eens. Hoe dan ook, de Patriottenbeweging was de belichaming van de hoop op veranderingen.

De Vierde Engelse Oorlog (1780-1784) was de katalysator voor de Patriottenbeweging. Stadhouder Willen V stapte met veel tegenzin deze oorlog in, Engelsgezind als hij was, maar was niet in staat het tij te keren. De oorzaak van deze oorlog lag namelijk aan de andere kant van de Atlantische Oceaan. In de Amerikaanse koloniën was in 1775-1776 een opstand tegen de Engelsen uitgebroken, die op veel sympathie rekenen kon rekenen onder de burgers van de Republiek, vooral van Nederlandse ondernemers die op meerdere fronten last hadden van Engels protectionisme dat hun handel tegenwerkte. Verder vonden ook de ideële aspecten van de opstand, zoals de wens tot zelfbeschikking van de kolonisten en het door hen geclaimde recht op zeggenschap en beschikking over belastingen, de nodige weerklank in de Republiek.

Doordat Amsterdamse regenten de Amerikaanse opstandelingen steunden – zowel in morele als in materiële zin – verklaarden de Engelsen in de december 1780 de oorlog aan de Republiek, terwijl de stadhouder in feite aan de kant van de Engelsen stond. Het waren vooral Hollandse kooplieden die vanaf het eilandje St. Eustatius in West-Indië warme handelsbetrekkingen met de Amerikanen onderhielden. Wanneer de Engelsen door de Amerikanen verslagen zouden worden, zo was het idee, dan konden de Hollanders de handel van de Engelsen overnemen. Hier kwam bij dat een aantal Amsterdamse regenten, waaronder de nodige doopsgezinden, medefinanciers waren van een aantal Amerikaanse handelsondernemingen. Dat de stadhouder niet van zins was om ook maar iets te ondernemen dat de Engelsen tegen de haren in zou kunnen strijken, bleek nog eens overduidelijk toen de regering weigerde een verbond met Frankrijk en tegen de Engelsen te sluiten. Dit ondanks een brede petitiebeweging voor een verbond met Frankrijk.

De uitzichtloze situatie, zowel militair, economisch als politiek, waarin de Republiek zich binnen en buiten de eigen grenzen had gemanoeuvreerd vormde een vruchtbare bodem voor een oppositie tegen de stadhouder waarin doopsgezinden, uiteraard ook de Friese, een prominente rol speelden. Vrijwel vanaf het begin van de Vierde Engelse Oorlog waren er al tekenen van verzet, maar deze bleven tot kleine kring beperkt. Van gewest tot gewest konden de wensen van de oppositie verschillen, maar de belangrijkste verbindende elementen waren de afkeer van de stadhouder en de wens tot meer invloed van de (gegoede) burgerij op het bestuur. In deze zin waren de wensen van wat zou uitgroeien tot de Patriottenbeweging vergelijkbaar met die van de Doelistenbeweging.

De oppositie tegen de stadhouder kreeg momentum in de zomer van 1783. Na drie jaar oorlog tegen de Engelsen was de beweging veel breder geworden en traden de opposanten – die zich patriotten noemden – steeds vaker in de openbaarheid. Ook in de Staten van Friesland probeerde een 'Geheim Comité' van patriotten onder leiding van Coert Lambertus van Beyma de stadhouder zo veel mogelijk tegen te werken. In verschillende steden en dorpen in de hele republiek werden in 1783 bovendien gewapende burgermilities opgericht – ook wel vrijkorpsen of wapengenootschappen genoemd – die een duidelijk bewijs van toegenomen zelfbewustzijn van de burgerij waren: burgers waren bereid om hun belangen zo nodig met geweld te verdedigen. In feite had zich hierdoor, in navolging van de Amerikaanse Opstand, een voorstadium van een revolutie ontwikkeld. Burgerbewapening en milities in de vorm van schutterijen waren natuurlijk niet ongewoon, ze waren er al sinds de Middeleeuwen geweest. Binnen de context van de instabiele politieke situatie als gevolg van de oorlog was het echter voor de regering van de Republiek een uiterst gevaarlijke ontwikkeling. Met burgers onder de wapenen kon de vlam eenvoudig in de pan slaan.

Patriotten in Friesland

Toch was de Friese regering in eerste instantie niet tegen het vormen van burgermilities en had ze zelfs het idee dat de genootschappen van nut zouden kunnen zijn. De vrees bestond namelijk dat er vanwege een al lang lopende financieel geschil tussen Friesland en de generaliteit – de Haagse regering – troepen van de generaliteit naar Friesland zouden komen om daar orde op zaken te stellen. De Friese onwil om meer te betalen aan de generaliteit dan men zelf als redelijk beschouwde, en als reactie daarop de dreiging met militaire middelen om het gewest weer in het gareel te krijgen, waren kenmerkend voor de bestuurlijke situatie waarover Willem V langzamerhand de controle verloor. De stadhouder miste gezag, maar er was geen andere partij die effectief in dit vacuüm kon stappen. Ook het feit dat er toestemming werd gegeven om wapengenootschappen op te richten– dit kon niet zonder permissie van de stadhouder – tekent de onduidelijkheid die er in Friesland op vrijwel alle fronten bestond. Voor ons is van belang dat doopsgezinden op veel plaatsen vanaf het begin meededen en ook nog eens vooraan stonden in de Patriottenbeweging. Zij zagen de wapengenootschappen als een vehikel om hun wens tot emancipatie te realiseren. Zoals we in de vorige hoofdstukken zagen hadden ze al steeds meer afstand genomen van het principe van geweldloosheid.

'Gezicht op de wapenschouwing van het patriottisch vrijkorps te Sneek'.

De Staten van Friesland reageerden in ieder geval positief op het verzoek van de verschillende wapengenootschappen om officieel te worden erkend, maar al snel bleken de Staten hiermee adders aan de boezem te koesteren. Toen het gevaar van een inval door de generaliteit was geweken bleven de genootschappen gewoon bestaan – natuurlijk omdat ze met een heel ander doel dan bescherming tegen de generaliteit waren opgericht. Het ging hen om grotere invloed van en meer rechten voor de burgerij. De leiding van de genootschappen, waar ook de eerder genoemde Coert Lambertus van Beyma bij betrokken was, wist een vorm van provinciale samenwerking tot stand te brengen. Het ging niet alleen meer om de eigen stad of grietenij, maar om de belangen van alle Friese burgers, tegenover het regime van de stadhouder. Hierdoor dreigde er een staat in de staat te ontstaan.

In deze periode golfden de machtsverhoudingen tussen oppositie en regering op en neer, maar langzamerhand sloeg de balans door in de richting van de oppositie. Deze kreeg steeds meer greep op de regering. Of liever, de regering raakte de greep op de samenleving langzamerhand kwijt. Vanaf het midden van 1783 bestond er vanwege het optreden van de vrijkorpsen een onduidelijke politieke situatie. Dit veranderde niet met het einde van de Vierde Engelse Oorlog in 1784, die eindigde in een nederlaag voor de Republiek. De oorlog was de vonk geweest voor de Patriottenbeweging, maar na het einde van de oorlog bleef het vuur in de gehele Republiek branden.

Wie het in Friesland precies voor het zeggen had, verschilde van plaats tot plaats. Soms bleven de stadsbesturen baas in eigen huis, in andere gevallen ging de feitelijke macht naar de vrijkorpsen. Over het algemeen zien we dat de korpsen een steeds radicalere positie innamen, recht tegenover de stadhouder en zijn entourage. Ze streden nog niet voor een volledige democratie, maar wilden wel dat de besten in het land de regering op zich zouden nemen. De 'besten' konden volgens de vrijkorpsen alleen door hun gelijken worden gekozen.

Belangrijk voor een goed begrip van de onduidelijke situatie is ook dat sommige lokale wapengenootschappen radicaler waren dan andere. De mate van radicaliteit was vaak afhankelijk van de mate van animositeit tussen de lokale besturen en delen van de sociale en economische bovenlaag van de bevolking. Waar de lokale overheden meebewogen was de kans op radicalisering het kleinst, maar dit was geen garantie voor rust of stabiliteit.

In september 1787 waren de verhoudingen zo verstoord dat de patriottische vrijkorpsen geen enkel vertrouwen meer hadden in de Staten van Friesland en in Franeker een tegenregering vormden.

Het einde van de oppositie kwam daarna snel. De radicalisering die zich overal in de Republiek voordeed, deed de stadhouder de hulp van zijn zwager inroepen, de koning van Pruisen. De Pruisische inval, in september en oktober, betekende het roemloze einde van de patriottische revolutie. Geschoten werd er amper. Het einde van de beweging was weinig heldhaftig – exerceren was een ding, vechten bleek iets heel anders.

De ontwrichting van de Republiek in het algemeen en Friesland in het bijzonder was groot. Duizenden burgers – patriotten en hun sympathisanten – moesten het land verlaten, en zuiveringen brachten de oude machthebbers weer aan het roer, zonder dat er enig draagvlak voor hun bestuur bestond. De oorlog tegen Engeland was verloren, en de stadhouder was nog slechts een zetbaas van zijn zwager. De Republiek bleek gedegradeerd tot een staat waarvan de regering slechts met buitenlandse steun in het zadel gehouden kon worden.

Doperse Patriotten

Doopsgezinden speelden een prominente rol in de Patriottenbeweging, omdat die hen eindelijk de kans leek te bieden con-

Portret van Frederik Willem II, koning van Pruisen.

crete veranderingen aan te brengen in hun maatschappelijke positie. Bovendien voelden ze, als kooplieden en handelaars, niet veel voor de politiek van de stadhouder die de kant van concurrent Engeland koos in plaats van de nieuwe Amerikaanse staat waar handel mee gedreven zou kunnen worden. Vaak stonden de doopsgezinden vooraan bij de vrijkorpsen, zoals in Sneek: Oude Vlamingen en leden van de Verenigde Gemeente, de gezindten maakten niet uit. De familie Wouters was bijvoorbeeld breed vertegenwoordigd.

Net als ten tijde van de Doelistenbeweging bleef de doopsgezinde betrokkenheid bij de Patriottenbeweging niet onopgemerkt, vooral aangezien ze steeds meer publiekelijk optraden als voormannen van de oppositie. Opvallend is dat er wederom geruchten waren over financiële betrokkenheid van de doopsgezinden bij de oppositiebeweging. In een enkel geval kan de feitelijkheid van de geruchten worden bewezen: de doopsgezinde Harlinger koopman Allard Scheltinga stelde een lening van 20.000 gulden uit eigen middelen beschikbaar om de revolutie te financieren. Gezien de afloop van de patriottische opstand was het in eerste instantie niet zijn meest succesvolle investering, maar na de komst van de Fransen in 1795 kreeg hij zijn geld met rente terug. In anderen gevallen zijn de directe aanwijzingen van financiële betrokkenheid beperkt. Niet verwonderlijk natuurlijk, dit waren geen zaken die open en bloot geregeld werden.

Naast de geruchten van financiering van de patriotten kwam er nog een nieuw aspect bij. De mare ging dat doopsgezinden de aanhang van de stadhouder onder druk zouden hebben gezet, door te dreigen met het intrekken van hypothecaire leningen. Of dit daadwerkelijk is gebeurd is helaas niet te bewijzen, ook in de latere vervolging van de doopsgezinde patriotten is geen aandacht aan deze zaak besteed. Het lijkt vooral te passen in de tumultueuze tijd waarin gerucht en waarheid al snel verwisseld werden – maar dat het waarschijnlijk geacht werd zegt voldoende over de toegenomen invloed van de doopsgezinden in de samenleving.

De meest vooraanstaande patriotten, waaronder dus veel doopsgezinden, wachtte na de Pruissische inval de wraak van de stadhouder en zijn aanhang. Sommigen eindigden na een showproces voor een kortere of langere periode in het Leeuwarder blokhuis, zoals Wopke Cnoop, patriottenleider uit Bolsward. Wie meer geluk had kwam er slechts met een boete af. Anderen wachtten niet op een proces en namen direct de wijk – zij werden vervolgens bij verstek veroordeeld. In een enkel geval kon de provincie Groningen volstaan als toevluchtsoord, maar de meesten werden in Groningen ook vervolgd en zij vluchtten verder van hun gewest. Voor een aantal patriotten ging de tocht over Holland naar Frankrijk, anderen kozen voor een noordelijke route door Groningen naar Duitsland. Onwillekeurig roept dit herinneringen op aan het eerste begin van de doopsgezinde geloofsgemeenschap, met als verschil dat men nu niet meer vluchtte vanwege religieuze denkbeelden, maar vanwege politieke overtuiging.

Van één van de doopsgezinde ballingen, Jan Ymes Tichelaar uit Makkum, is een uitgebreid verslag bewaard gebleven, waarin hij zijn vrees en hoop als vluchteling verwoordt. Na vele omzwervingen door de Republiek en Duitsland kwam hij uiteindelijk in 1789 in Amsterdam terecht. Naast Jan Ymes Tichelaar kunnen we twee Harlingers noemen: Allard Scheltinga, die de revolutie financierde belande via Hamburg in Franrijk. Pieter Freerks Fontein, eveneens fanatiek patriot van doopsgezinde huize, bracht het grootste deel van zijn ballingschap in Duitsland door, maar verbleef ook in Brussel en in Frankrijk. Het ongewisse lot van de ballingen, de onzekerheid van de achterblijvers, de Franse Revolutie van 1789 die veel van de idealen van de Patriotten in de praktijk leek te brengen: de jaren 1787 tot 1794 waren jaren van wraak, vrees en teleurstelling maar ook van hoop en verwachting – emoties die ook werden veroorzaakt en versterkt door de economische crisis in die periode.

Economische crisis

Voor de Nederlandse handel, die al de hele achttiende eeuw te maken had met een sterke buitenlandse concurrentie, was de Vierde Engelse Oorlog zonder meer een desastreuze oorlog. Maar voor de Friese handel waren de problemen misschien nog wel het ergst. De Friese scheepvaart, geconcentreerd aan de Zuiderzeekust en met van oudsher veel doopsgezinde schippers aan het roer, had in de tweede helft van de achttiende eeuw te maken met een langzame achteruitgang, omdat de handelsstromen zich verplaatsten en het belang van de Amsterdamse stapelmarkt, waar de schippers van afhankelijk waren, afnam. Toch bleef de scheepvaart een belangrijke bron van inkomsten – in sommige steden en dorpen zelfs de enige.

Door de Vierde Engelse Oorlog kwam de handel echter vrijwel tot stilstand. Schepen werden in beslag genomen door de Engelsen, bemanningen gevangen genomen, ladingen verloren en verbeurd verklaard. Van de vaart op Noorwegen en het Oostzeegebied, noch van de vaart op Zuid-Europa bleef ook maar iets over. De steden aan de Zuiderzee leden als nooit te voren, de armoede nam hand over hand toe. Toch trad er in de periode van vrede die volgde na het einde van de Vierde Engelse Oorlog een redelijke mate van herstel op. Maar na 1795 brachten de oorlogen tussen de Fransen en de Engelsen de Friese scheepvaart een slag toe waarvan zij zich niet meer kon herstellen.

Toen met de inval van de Fransen in 1795 een periode van aaneenschakelende internationale conflicten en staatkundige veranderingen begon – waar we in de volgende paragraaf dieper op in zullen gaan – sloeg de economische crisis, die in het bijzonder dus de scheepvaart trof, nogmaals toe, en minstens even hard. In Friesland werden Hindeloopen en Stavoren en de dorpen Warns en Molkwerum het zwaarst getroffen omdat ze volledig van de scheepvaart afhankelijk waren. Maar ook Makkum en Workum kwamen er niet ongeschonden vanaf, hoewel daar nog enige nijverheid was die wat compensatie bood.

Volgens de cijfers van de doopsgezinde diaconieën viel het onder de doopsgezinden echter nog enigszins mee. Dit had direct te maken met hun uitgangspositie. Ze behoorden als groep tot het relatief welgestelde deel van de bevolking en hadden waarschijnlijk gemiddeld wat meer reserves dan anderen. Toch was in de Bataafse Tijd voor een deel van de doopsgezinden financiële ondersteuning door geloofsgenoten onontbeerlijk. Deze noodzakelijke hulp trok, na een lange periode van economische stagnatie gevolgd door verdere achteruitgang, een zware wissel op de doopsgezinde gemeenten in de kuststeden.

Was er tot 1810 nog sprake van korte perioden van economische opleving, na de inlijving bij het Frankrijk van Keizer Napoleon viel de handel over zee volledig stil. Al met al duurde de crisis veel langer dan bij eerdere conflicten. Na het vertrek van de Fransen in 1813 was het ergste weliswaar voorbij, maar van echt herstel van de Zuiderzee-economie was geen sprake. Schippers uit andere landen hadden de handel van de Friezen overgenomen. Hindeloopen en Stavoren werden tot de 'dode steden' die de Fransman Henry Havard zeventig jaar later zag, op zijn reis langs de kusten van de Zuiderzee.

Bataven en Fransen

De opluchting en hoop moeten groot geweest zijn toen in de winter van 1794-1795 de patriottische ballingen terugkeerden in het kielzog van de Franse troepen die een einde maakten aan de Republiek der Zeven Verenigde Nederlanden en aan het bewind van stadhouder Willem V, die naar Engeland vluchtte. De wereld zag er nu anders uit in de nieuwe Bataafse Republiek (1795-1806). Geen Nassau of Oranje meer, in de praktijk al volledige vrijheid van godsdienst. De democratische regering waar in de patriottentijd voor gestreden was dichterbij dan ooit.

Een buitenproportioneel aantal doopsgezinden en mannen met doopsgezinden banden, teruggekeerde ballingen en achterblijvers, nam nu plaats in de lokale en provinciale besturen. Ongetwijfeld vol hoop om nu werkelijk vorm te geven aan een gekozen regering van de besten in het land. Onder hen vinden we in Friesland Epke Roos van Bienema uit Heerenveen, de Leeuwarder Pier Zeper, Jelle Heijes uit Hindeloopen en de al eerder genoemde Harlinger arts Simon Stijl. Alle vier mannen waren puissant rijk, en alle vier behoorden ze tot het gematigde echelon doopsgezinden. Meer radicale doopsgezinden waren er ook, met als meest extreme voorbeeld de Leeuwarder fabrikant Rinnert van der Bij. Van der Bij was één van de mannen die in de zomer van 1795 in een vlaag van radicale zinsverbijstering het graf van de Nassaus in de Grote Kerk van Leeuwarden vernielden en de stoffelijk resten schonden. Het doel was ongetwijfeld een symbolische afrekening met het oude regime. Het deed Van der Bij meer kwaad dan goed.

De ervaringen binnen de nieuwe Friese regering waren vanaf het begin echter niet onverdeeld gunstig. Ambities, kunde en ideeën waren allesbehalve gelijk verdeeld onder de nieuwe regeerders van het land – ondanks het streven naar een regering van 'de besten van het land' – en Friesland vormde geen uitzondering. Het democratische gekozen nieuwe bewind was niet bepaald stabiel. Om te beginnen werd de nieuwe Bataafse regering weliswaar breed gedragen en ondersteund, maar bleef deze natuurlijk steeds afhankelijk van de Fransen die hen in het zadel hadden geholpen. De bestuurders waren divers van kwaliteit, idealisten en opportunisten door elkaar, soms radicaal en soms gematigd, soms rijk en soms slechts met matige middelen, materieel dan wel immaterieel. Door dit gebrek aan stabiliteit, door onzekerheid, gebrek aan bestuurlijke ervaring en verschillen van mening over het te volgen beleid volgden wisselende regeringen elkaar in snel tempo op. Dat dit bij een deel van de ambitieuze nieuwe lichting bestuurders tot teleurstelling en desillusie leidde laat zich raden, maar niet alle mannen met bestuurlijke capaciteiten lieten zich hierdoor uit het veld slaan. Er waren de nodige doorzetters die het lang volhielden en onder hen waren ook enkelen die ervoor zorgden dat het doopsgezinde element in de Friese regering bewaard bleef, waarbij wel aangetekend moet worden dat dit element vooral een symbolische waarde had en zich niet in politiek handelen vertaalde, noch in politieke zin veel te betekenen had.

Voor ons verhaal is het niet van belang om op alle schermutselingen in te gaan. Uiteindelijk kwam er in september 1801 in Den Haag een redelijke gematigd regime aan de macht in het Bataafs Gemenebest dat de provincies weer een bepaalde mate van autonomie gaf, maar tegelijkertijd scherp keek naar wie er het bestuur uitoefenden. In Friesland duurde de macht van de radicalen wat langer, maar ook zij moesten in de zomer van 1802 het veld ruimen. Er kwam een nieuwe regering

Franse troepen trekken Breda binnen, 1793.

die niet op democratische wijze gekozen was, maar vanuit Den Haag benoemd. In dit bewind vonden regenten uit de tijd van de Republiek en regenten uit de nieuwe lichting elkaar. Meerdere doopsgezinden maakten er deel van uit, zoals Epeus Cats, Pieter Fontein en (onder protest) de eerder genoemde Jelle Heijes. Hij wilde eigenlijk niet maar voelde zich uit plichtsbesef gedwongen zijn verantwoordelijkheid te nemen.

De politieke zuivering die met de installatie van het gematigde bewind in de zomer van 1802 gepaard ging kostte veel radicalen hun positie. De sterke oververtegenwoordiging van meer radicale doopsgezinden in de besturen van een aantal plattelandsgebieden – de grietenijen West-Dongeradeel, Dantumadeel en Idaarderadeel – kwam tot een einde. De jaren die volgden leken in eerste instantie een opmaat tot een periode van goed en gematigd bestuur, maar de Franse invloed werd steeds sterker omdat Napoleon een ferme greep wilde op de landen in zijn machtsfeer. Met de afzetting van Raadspensionaris Schimmelpenninck in 1806 bleek dat de feitelijke macht in Parijs lag. Eerst was er het Koninkrijk Holland met Lodewijk Napoleon aan het hoofd (1806-1810), maar hij was toch niet de zetbaas waar zijn broer Keizer Napoleon op had gerekend. Koning Lodewijk was veel meer koning van zijn land dan knecht van zijn broer. Uiteindelijk besloot Napoleon zelf het land in 1810 in te lijven bij het Franse Keizerrijk. Er volgden drie jaren waarin bestuurlijk een aantal belangrijke besluiten werden genomen, zoals het begin van een hervorming van de grondbelasting, waar we het Kadaster aan te danken hebben en de invoering van de Burgerlijke Stand, maar deze positieve punten vallen in het niet bij de dramatische uitkomst van Napoleons mislukte veldtocht naar Rusland in 1812, waar ook veel dienstplichtige Friese jongens hun dood vonden.

De rust van het nieuwe koninkrijk

De volgende politieke overgang ging relatief geruisloos voorbij. Na de nederlaag van Napoleon in 1813 werd de latere koning Willem I, telg van de eerder zo verguisde stadhouderlijke familie, bijna als bevrijder binnengehaald. De ellende uit de Patriottentijd viel achteraf bezien in het niet bij die van de Franse bezetting, en de familie die in 1795 het land uit vluchtte kwam nu op de troon. De machtswisseling die een Oranje op de troon bracht verliep rustig. Er volgde geen zuivering, geen bijltjesdag. Koning Willem I zette in ieder geval geen bekwame bestuurders uit hun ambt alleen vanwege hun geloofsovertuiging. Dat het democratisch gehalte van het regime van onze tweede koning beduidend lager was dan in de eerste jaren van het Bataafse Bewind, nam vrijwel iedereen voor lief. In feite werd het land meer autocratisch dan democratisch bestuurd.

Beperken we ons tot het Friese, dan zien we dat de plaats van de adel als bevoorrechte groep was hersteld, waarmee een van de grootste verworvenheden van de Bataafse Revolutie over boord ging. Eigenlijk kwam in een nieuw jasje de oude structuur terug van de dertig grietenijen en de elf steden, waarbij elk van de grietenijen een edele en een lid van de landelijke stand (een grondeigenaar) naar de Staten van Friesland mocht sturen, en iedere stad twee afgevaardigden. Daarnaast waren er nog twee zetels voor de eilanden. De keuze voor de niet-adellijke afgevaardigden werd gemaakt door de kiezers, die op basis van hun vermogen waren geselecteerd.

Bij de doopsgezinden was de frustratie wat betreft deze 'nieuwe' politieke werkelijkheid misschien nog wel het grootst. Juist zij hadden de afgelopen jaren vooraan gestaan bij de pogingen tot democratisering van de politiek, en daar bleef in de nieuwe situatie weinig van over. Daar stond tegenover dat zij, of in ieder geval enkele individuen uit de doopsgezinde gemeenschap, een machtspositie wisten te ontwikkelen die ook na de Franse overheersing bleef bestaan: in het nieuwe Koninkrijk der Nederlanden dat in 1814 tot stand kwam werd geen afbreuk gedaan aan hun positie. Hun bestuurlijke invloed bleef door rijkdom en kunde groter dan op grond van hun aantallen verwacht kon worden. Een deel van hen behoorde tot de gegoede burgerij die bij een kiesrecht dat op vermogen gebaseerd was in ieder geval nog iets te zeggen had.

In het Koninkrijk van Willem I waren de doopsgezinden definitief 'gewone' Nederlanders geworden, die niet meer aan de zijlijn hoefden te blijven op grond van hun overtuiging maatschappelijk. Niet alleen waren de externe blokkades voorgoed verdwenen, ook intern was er geen discussie meer over het al of niet deelnemen aan het maatschappelijk leven in alle facetten. Doopsgezinden behoorden tot de gewone ingezetenen van het koninkrijk, volledig participerend in het maatschappelijk leven. Na de tumultueuze tijden van Patriotten, de Bataafse Revolutie en de Franse overheersing trad met deze monarchie een periode van rust in voor alle ingezetenen van het gewest, en ontstond er weer meer ruimte en aandacht voor culturele ontwikkelingen.

Dopers en de Romantiek

In de negentiende eeuw steekt één figuur er in doopsgezind Friesland met kop en schouders bovenuit: schrijver, taal- en letterkundige en dominee Joost Hiddes Halbertsma (1789-1869). In het vorige hoofdstuk zagen we dat vooral in Harlingen doopsgezinden een prominente plaats in het culturele leven van de achttiende eeuw innamen. In de vroege negentiende eeuw was dat niet anders – al is het de vraag in hoeverre het 'doopsgezind zijn' daar een rol bij speelde. In de negentiende eeuw ontstond, onder invloed van de Romantiek, een grote interesse in het eigen Friese verleden, en in het bijzonder het 'Fries eigene'. In deze beweging nam Joost Hiddes Halbertsma, geboren in Grouw, een prominente rol in.

Halbertsma was een meer dan bijzonder man. Hij was opgeleid aan het Doopsgezinde Seminarie in Amsterdam van 1807 tot 1813 en was daarna van 1814 tot 1821 dominee in Bolsward. Bij het afscheid van zijn gemeente in Bolsward nam hij deze op een gênante manier de maat. Hij verweet de gemeenteleden dat ze te gierig waren om hem een fatsoenlijk traktement te bieden, waardoor hij zich gedwongen voelde een beroeping in Deventer aan te nemen, waar men hem volgens Halbertsma wel op waarde schatte. Dat Deventer in die tijd met haar Atheneum voor een wetenschapper als Halbertsma een grote aantrekkingskracht uitoefende liet hij voor het gemak onvermeld. Zo ook het feit dat hij door een zeer voordelig huwelijk met een gereformeerde domineesdochter een van de grootste landeigenaren was geworden in de omgeving van Workum en er dus warmpjes bij zat.

Hoewel de doopsgezinden in Bolsward de afscheidspreek van Halbertsma niet snel vergeten zullen zijn, leidde dit er niet toe dat hij volledig persona non grata was geworden. Bij de herdenking van de in Bolsward geboren en gestorven Friese literator Gijsbert Japickx (1603-1666), mocht Halbertsma een paar jaar later in 1823 alweer een feestrede houden. En met zijn schets van het 'culturele leven' in Bolsward in het verhaal 'It Boalserter Nut' heeft hij het stadje voorgoed een plaats gegeven in de Friese literatuur van de negentiende eeuw. Zijn flamboyante broer Eeltje, dokter in Grouw en getrouwd met een Bolswarder burgemeestersdochter moet hier ook genoemd worden. Samen met hun andere broer Tjalling verzamelden en schreven Joost en Eeltje Friestalige volksverhalen en gedichten in het bekende boek Rimen en Teltsjes (1871). Ook de schets over Bolsward is hierin opgenomen. Een biograaf omschreef Joost Halbertsma later als 'de meest merkwaardige en de allermoeilijkste' der Deventer leraren. Het wetenschappelijke werk

Portret van Joost Hiddes Halbertsma.

trok hem meer dan pastorale bezigheden. Zijn bijdrage aan de geschiedenis van de doopsgezinden in Nederland, De Doopsgezinden en hunne herkomst (1843), mag niet onvermeld blijven. De vrijzinnig liberale richting die hij hierin voorstond en vanuit het verleden trachtte te rechtvaardigen bracht hem in conflict met Samuel Muller (1785-1875), de verdediger van de meer behoudende richting die door zijn hoogleraarschap aan het Doopsgezinde Seminarie een belangrijke positie in doopsgezind Nederland innam. Halbertma's weerbarstige karakter en die liberale stellingname leidden er toe dat hij nooit de hoogleraarschappen heeft weten te verwerven waar hij naar streefde.

Doopsgezindheid in de vroege negentiende eeuw

Speelde het geloof, in de zin van een gemeenschappelijke, dan wel persoonlijke religieuze beleving onder de doopsgezinden nog een rol? Of was het alleen nog een vernislaag? Immers, de God van de Verlichting inspireerde niet tot diepe religieuze beleving en kreeg bovendien hevige concurrentie van de wetenschap. Het was vooral een God op afstand, de schepper van de Rede, de bestierder ver weg. Toch, wanneer we de vrijzinnige Halbertsma als uitgangspunt nemen, dan zien we iemand die zich nog in al zijn vezels doopsgezind voelt, verbonden met de martelaren uit de zestiende eeuw. Naast de volwassenendoop en de daarmee samenhangende nadruk op de individuele verantwoordelijkheid van de gelovige voor zijn handelen kunnen we ook deze verbondenheid met het doperse verleden aan de doopsgezinde identiteit toevoegen. De idealen van de Verlichting hadden wel invloed, maar leidden niet tot het verdwijnen van die elementen die nog steeds werden gezien als het doopsgezind eigene.

Natuurlijk waren er afvalligen in de richting van de Hervormde Kerk. De redenen waren divers. Sommige doopsgezinden schurkten dicht tegen dat deel van de Hervormde Kerk aan dat sterk was beïnvloed door het Verlichtingsdenken en in de buurt kwam van een Deïsme waarbij God alleen nog vanaf grote afstand toezag op de mensheid. Anderen zullen zich juist aangetrokken gevoeld hebben door de zwaardere kant van Hervormde leer met een God die in elk facet van het bestaan zijn aanwezigheid deed gelden.

Ook in de verhouding met andere religieuze stromingen zijn de Verlichtingsideeën te merken. Terwijl er in de zestiende en zeventiende eeuw, en zelfs in de eerste helft van de achttiende eeuw een lange strijd gevochten was met de dominees uit de heersende kerk over leerstellige zaken, overheerste aan het einde van de achttiende eeuw begrip voor elkaars positie. In 1778 bijvoorbeeld deelden Hervormden en Doopsgezinden in het kleine Holwerd zelfs tijdelijk hetzelfde kerkgebouw. Het verbod op buitentrouw was aan het einde van de achttiende eeuw alleen nog van kracht binnen de strengere doopsgezinde groepen. In de brede middengroep was het overigens in de tweede helft van de zeventiende eeuw al een dode letter.

En de dopers in het leven van alledag? Uit een verslag van de Sneker kermis uit 1838 blijkt dat de doopsgezinde jongeren uit de betere kringen, tot burgemeesterskinderen aan toe, zich niet anders gedroegen dan hun niet-doopsgezinde leeftijdsgenoten. Er wordt volop gedanst en feestgevierd, tot diep in de nacht. Van een scheiding langs lijnen van religie is niets te merken, in ieder geval niet waar het leeftijdsgenoten uit dezelfde maatschappelijke groep betreft. Hier stond tegenover dat er wel degelijk van een gesegmenteerde samenleving sprake was. De huwelijkspartners kwamen bijna zonder uitzondering uit dezelfde kringen, doopsgezind of hervormd, en bij grote uitzondering katholiek. Friesland was wat dat betreft natuurlijk geen uitzondering – het is een beeld dat we overal in ons land vinden.

Toenadering

Aan het einde van de Bataafse Tijd, niettegenstaande de gerealiseerde emancipatie, liepen de Friese doopsgezinden toch weer tegen enkele problemen aan. Naast de kwestie van afvalligheid was er een bijkomend probleem, voor alle kerkgenootschappen overigens. Door een aantal belastingmaatregelen van de toenmalige regering was het bezit kleiner dan ooit, terwijl het ook nog eens weinig opleverde. Investeringen in overheidspapieren werden veel minder waard, en andere aandelen verloren eveneens een deel van hun waarde. De financiën van veel gemeenten kwamen daardoor onder grote druk te staan. Waarschijnlijk heeft dit de doopsgezinden meer getroffen dan anderen, omdat zij relatief veel hadden geïnvesteerd in allerhande soorten aandelen en obligaties die steeds minder waard werden, en omdat zij relatief minder bezaten aan onroerende goederen. Deze behoorden van oudsher vooral de heersende kerk toe. Daarnaast was ook de scheepvaart de economische crisis niet te boven gekomen zoals we eerder in dit hoofdstuk hebben gezien.

Financiële druk was een ding, regelrechte armoede was heel wat anders. De administratie van de Friese Doopsgezinde Sociëteit spreekt wat dat betreft boekdelen. De ene na de andere gemeente kwam met verzoeken om financiële ondersteuning. Was het niet de kerk van Surhuisterveen, dan was het wel de predicatie in Woudsend die geld nodig had. Ook na de Franse tijd bleef dit doorgaan. Kollumerzwaag, Zwaagwesteinde, Blessum, Terhorne – het waren vooral de gemeenten op het platteland die de druk van de slechte tijd voelden en amper een dominee konden betalen. Het was een golf van armoede, die alleen enigszins afgezwakt kon worden door legaten aan de Sociëteit en ondersteuning door de rijkere stedelijke gemeenten.

Op nationaal niveau speelde hetzelfde. Omdat het voor de Amsterdamse gemeenten niet meer mogelijk was de door hen gestichte predikantenopleiding te bekostigen, werd in 1811 de Algemene Doopgezinde Sociëteit (ADS) opgericht. Door nood gedwongen, maar met positief resultaat. In de loop van de negentiende eeuw sloten vrijwel alle doperse gemeenten zich hier bij aan en zo kwam er een einde aan ruim tweeëneenhalve eeuw verdeeldheid. Slechts bij uitzondering bleven gemeenten, zoals de Oude Friezen in het Gaasterlandse Balk, buiten de Sociëteit. Dezelfde Algemene Doopgezinde Sociëteit steunde op haar beurt weer de Friese Doopgezinde Sociëteit, door financiële hulpvragen over te nemen die de Friese Sociëteit niet kon beantwoorden.

Of de oprichting van de Algemene Doopsgezinde Sociëteit de oorzaak geweest is voor de veranderingen in de opleiding van doopsgezinden predikanten valt moeilijk na te gaan, maar dat is zeker niet onwaarschijnlijk. De hoogleraren die het onderwijs tot 1811 vorm gaven waren soms meer natuurkundig onderzoeker dan theoloog. Het seminarie was in de achttiende eeuw evenzeer een algemeen vormende studie als een predikantenopleiding. Na 1811 kwam er langzamerhand een kentering, naar een meer theologische gerichte opleiding.

De afname van het aantal gemeenten in Friesland, van ongeveer zestig in het midden van de achttiende eeuw tot ongeveer veertig in het midden van de negentiende eeuw is op zichzelf geen teken van achteruitgang. Door de samensmelting van verschillende richtingen kwam het op lokaal niveau tot fusies waardoor het aantal gemeenten kleiner werd. De absolute aantallen doopsgezinden in Friesland namen echter wel af tot aan het einde van de achttiende eeuw, maar daarna stabiliseerde het rond 7-8 procent (7,5 procent in 1809). Ter vergelijking, Noord-Holland, de tweede provincie wat betreft percentage, had er 2,8 procent in 1809. De relatieve achteruitgang die de zeventiende en achttiende eeuw kenmerkt komt, zoals we zagen, bepaald niet naar voren wanneer we kijken naar de invloed van doopsgezinden in het bestuur. Hoewel een aantal van de doopsgezinde bestuurders het om diverse redenen al snel voor gezien hield en na 1795 de politiek de rug toekeerden, bleef een buitenproportioneel deel van de bestuurszetels in doopsgezinde handen.

De samensmelting van de doopsgezinde burgerlijke elite met haar hervormde evenknie zette zich voort. De huizen van de families Wouters en Roos van Bienema in Oranjewoud, twee voorbeelden van geslachten waarin doopsgezinden en hervormden elkaar vonden, laten ook zien dat de eenvoud die hen eens kenmerkte in de negentiende eeuw wel een zeer brede gouden rand had gekregen. Dit is niet specifiek voor Friesland overigens – 'Mennistenhemels', gebieden met landhuizen en landgoederen in handen van doopsgezinden, waren ook elders in Nederland te vinden.

Kenmerkend voor de doopsgezinde groep als geheel was dit natuurlijk niet. In de eens zo welvarende stadjes als Hindeloopen en Stavoren leden ze net zo erg onder de voortdurende financiele crisis als wie dan ook. De verschillende gezichten die Friesland in de negentiende eeuw ontwikkelde, de arme Wouden, de kust in verval en de welvarende landbouwcentra als Sneek, Bolsward en Leeuwarden, vinden we dan ook bij de doopsgezinden terug.

In het midden van de negentiende eeuw hadden doopsgezinden zo'n driehonderd jaar deel uitgemaakt van de Friese samenleving. Eerst als vervolgden die uit eigen overweging de wereld de rug toekeerden. Daarna als gedoogden die op zoek

De Julia Jan Woutersstichting (Heerenveen) is een fors rusthuis in neorenaissance-vormen, gelegen in een parkachtige omgeving.

waren naar erkenning en een steeds sterkere roep om emancipatie uit deden gaan. Tenslotte als gewaardeerde leden van de maatschappij, met een geloof dat nog steeds onderscheidend was, al was het alleen maar door de volwassendoop en de nadruk op de persoonlijk verantwoordelijkheid van ieder individu tegenover zijn of haar God. Het was een basis die tot op de dag van vandaag 'doopsgezind' kenmerkt.

Selecte bibliografie

Abma, G., 'Dissenters yn 1672 of: De Mennisten wine har foar it jildlienen wei', in: J.J. Kalma en K. de Vries (red.), *Friesland in het rampjaar 1672. It jier van de miste kânsen* (Leeuwarden, 1972), 175-185.

Bergsma, W., e.a. (red.), *For uwz lân, wyv en bern. De patriottentijd in Friesland* (Leeuwarden 1987).

Bergsma, W., *Tussen Gideonsbende en publieke kerk. Een studie over het gereformeerd protestantisme in Friesland, 1580-1650* (Hilversum/ Leeuwarden, 1999).

Blaupot ten Cate, S., *Geschiedenis der Doopsgezinden in Friesland* (Leeuwarden, 1839).

Cuperus, A., *Staat der volks-telling, of lijst der inwoonders van Friesland, bevattende de mans-persoonen, vrouws-persoonen, huuwlijken, dienstbaaren, gereformeerden, doopsgezinden, roomschgezinden, Lutherschen, Remonstranten, Jooden, enz.* (Leeuwarden, 1798).

Faber, J.A., *Drie eeuwen Friesland.* 2 dln. (Wageningen, 1972).

Frieswijk, Joh.; J.J. Huizinga; L.G. Jansma en Y.B. Kuiper (red.), *Geschiedenis van Friesland 1750-1995* (Amsterdam/Meppel, 1998).

Groenveld, S., 'Doopsgezinden in tal en last. Nieuwe historische methoden en de getalvermindering der Doopsgezinden ca. 1700-ca. 1850', *Doopsgezinde Bijdragen* 1 (1975), 81-110.

Guibal, C.J., *Democratie en oligarchie in Friesland tijdens de Republiek* (Assen 1934).

Halbertsma, Hylke e.a. (red.), *Joast Hiddes Halbertsma (1789-1869). Brekker en Bouwer* (Drachten 1969).

Kroes-Ligtenberg, Chr., 'Wopke Cnoop, een Friese Patriot', *De Vrije Fries* 41 (1953), 112-144.

Kroes-Ligtenberg, Chr., *Joost en Eeltje Halbertsma in Bolsward* (Bolsward, 1952).

Kühler, W.J., *Het Socinianisme in Nederland* (Leiden 1912).

Kuiper, J.R., *Een revolutie ontrafeld. Politiek in Friesland 1795-1798* (Franeker, 2002) .

Kuiper, Y.B., 'Doperse elitevorming in Harlingen, 1672-1814', *Doopsgezinde Bijdragen* NR 21 (1995), 185-204.

Kuiper, Yme, 'Doopsgezinden in Harlingen en het pachtersoproer van 1748', *Doopsgezinde Bijdragen* 24 (1998), 185-204.

Kuiper, Yme en Veenstra-Vis, Frouke, 'De ballingschap van een doopsgezinde koopman-patriot uit Makkum. Inleiding bij de reisverhalen van Jan Ymes Tichelaar (1729-1799) uit de periode september 1787 tot oktober 1789', *De Vrije Fries* 83 (2003), 211-228.

Nieuwland, P., 'Homines Novi. De eerste volksvertegenwoordigers van Friesland in 1795', in: Brood, P., P. Nieuwland en L. Zoodsma (red.), *Homines Novi. De eerste volksvertegenwoordigers van 1795* (Amsterdam 1993), 127-239.

Postma, Hester ,'Perscensuur in Friesland in de zeventiende eeuw', *De Vrije Fries* 84 (2004), 133-158.

Postma, J.S., *De Fryske Mennisten en harren sosiëteit* (Frjentsjer 1980).

Spaans, Joke, *Armenzorg in Friesland 1500 1800. Publieke zorg en particuliere liefdadigheid in zes Friese steden: Leeuwarden, Bolsward, Franeker, Sneek, Dokkum en Harlingen* (Hilversum, 1997).

Trompetter, Cor, *Eén grote familie. Doopsgezinde elites in de Friese Zuidwesthoek 1600-1850* (Hilversum 2007).

Vegelin van Claerbergen, Johan, *Dagverhaal van Jhr. Johan Vegelin van Claerbergen omtrent de troubelen van het jaar 1748*. Bewerkt door G.H. van Borssum Waalkes en uitgegeven door Jhr. Mr. F.J.J. van Eysinga (Leeuwarden 1899).

Visser, Piet, 'Mennonites and Doopsgezinden in the Netherlands, 1535-1700' in: James Stayer and John Roth, *A Companion to Anabaptism and Spiritualism, 1521-1700*. (Leiden, 2006), 299-346.

Woltjer, J.J. , *Friesland in Hervormingstijd* (Leiden, 1962).

Zijlstra, S., *Om de ware gemeente en de oude gronden. Geschiedenis van de dopersen in de Nederlanden 1531-1675* (Hilversum/Leeuwarden, 2000).

Zijpp, N. van der, *Geschiedenis der Doopsgezinden in Nederland* (Arnhem, 1952).

Verantwoording afbeeldingen

8	Jacob Burghart 1683, coll. R(ijks)m(useum)A(msterdam).
13	Adolf van der Laan 1694-1755, coll. RmA.
14	http://nl.123rf.com.
15	Barthel Beham 1531, coll. RmA
16	Coll. Östenreichische Nationalbibliothek.
17	Barent de Bakker 1778, coll. RmA.
19	coll. Universitätsbibliothek Tübingen.
22	Anoniem, rond 1491, coll. Gemäldegalerie Alte Meister, Dresden.
25	Anoniem naar schilderij van Barend Dircksz 1650-1699, coll. RmA.
26	Anoniem naar schilderij van Barend Dircksz 1650-1699, coll. RmA.
29	Anoniem naar schilderij van Barend Dircksz 1650-1699, coll. RmA.
31	Pieter Feddes van Harlingen 1620-1622, coll. RmA.
34	Jan Caspar Philips 1736-1743, coll. RmA.
42	Christoffel van Sichem (I) 1608, coll. RmA.
48	Anoniem 1569, Centraal Museum Utrecht.
49	Simon Fokke 1752, coll. RmA.
50	Frans Hogenberg 1567-1590, coll. RmA
51	Portret van de hertog van Alva (atelier van Frans Hogenberg 1586-1587, coll. RmA).
52	Jan Frederik Christiaan Reckleben 1851-1853, coll. RmA.
58	Kaart Kerst Huisman, Leeuwarden.
60	Coll. Fries Scheepvaartmuseum in Sneek.
61	Kaart Schotanus-atlas 1662.
64	Coll. Museum Catharijneconvent.
65	Bron: www.bijbelsdigitaal.nl.
67	Christoffel van Sichem (I) naar ontwerp van: Jan Cornelisz. van 't Woudt 1677, coll. RmA.
71	Foto A.J. van der Wal, 1980.
74	Coll. Universitiet van Amsterdam.
79 (l.)	Pieter Sluyter, 1696-1713, coll. RmA.
79 (r.)	Crispijn van de Passe (II) 1639-1670, coll. RmA.
84 (b.)	Romeyn de Hooghe 1672, coll. RmA.
84 (o.)	Anoniem 1630-1699, coll. RmA.
85	Christiaan Lodewijk van Kesteren 1842-1897, coll. RmA.
90	Balthasar Bernards 1736, coll. RmA.
92	Joh. Hilarides, 1718, coll. Tresoar.
92	Peter van de Velde 1667-1700, coll. RmA.
99	Salomon Savery 1656, coll. RmA.

100	Bron: Gouwenaar, wikicommons.
102	Foto André van Dijk, Veenendaal.
111	Philippus Endlich 1734-1748, coll. RmA.
116	Lambert Visscher 1643-1691, coll. RmA.
120	www.catawiki.nl
125	Anoniem 1748, coll. RmA.
127	Anoniem 1749, coll. RmA.
133	Robbert Muys 1768, coll. RmA.
134	Hendrik de Leth 1713-1731, coll. RmA.
135	Jacob Folkema 1741-1743, coll. RmA.
137	Coll. Scheepvaartmuseum Amsterdam.
143	Reinier Vinkeles 1786-1809, coll. RmA.
144	Mathias de Sallieth 1781-1787, coll. RmA.
148	Robbert Muys, coll. RmA.
152	Hermanus van der Velde 1786, coll. Scheepvaartmuseum Sneek.
154	Theodoor Koning 1788, coll. RmA.
160	Joannes Bemme 1800-1841, coll. RmA).
165	Foto Struiksma, Leeuwarden, coll. Tresoar.
170	Foto A.J. van der Wal 1977.

Colofon

Boekverzorging: Barbara Jonkers
Druk: Grafistar bv, Lichtenvoorde

Bornmeer is een imprint van
20 Leafdesdichten en in liet fan wanhoop bv